Le Parti socialiste, la guerre et la paix : toutes les résolutions et tous les documents du Parti socialiste, de Juillet 1914 à fin 1917

Parti socialiste-S.F.I.O

Nabu Public Domain Reprints:

You are holding a reproduction of an original work published before 1923 that is in the public domain in the United States of America, and possibly other countries. You may freely copy and distribute this work as no entity (individual or corporate) has a copyright on the body of the work. This book may contain prior copyright references, and library stamps (as most of these works were scanned from library copies). These have been scanned and retained as part of the historical artifact.

This book may have occasional imperfections such as missing or blurred pages, poor pictures, errant marks, etc. that were either part of the original artifact, or were introduced by the scanning process. We believe this work is culturally important, and despite the imperfections, have elected to bring it back into print as part of our continuing commitment to the preservation of printed works worldwide. We appreciate your understanding of the imperfections in the preservation process, and hope you enjoy this valuable book.

PRÉFACE

L'origine de ce volume est l'édition de la Réponse au Questionnaire hollando-scandinave.

Le 28 mai 1917, le Conseil national du Parti socialiste décidait d'accepter de participer à une conférence internationale dont la Révolution russe avait pris l'initiative, et nommait une Commission chargée de répondre au questionnaire formulé par la Délégation hollando-scandinave, siégeant à Stockholm, en vue d'une telle conférence.

L'Humanité, l'organe du Parti socialiste, a publié successivement les chapitres de la réponse discutée et adoptée définitivement par cette Commission le 11 août 1917.

Ce document fixe les points de vue du Parti socialiste dans la guerre et pour la paix durable.

Même si une conférence internationale ne peut avoir lieu en raison de l'opposition des Gouvernements, il n'en reste pas moins utile d'éclairer loyalement et complètement l'opinion française pour écarter les commentaires tendancieux d'une presse souvent inexacte.

Il n'en est pas moins utile de montrer comment la politique de guerre des socialistes se différencie de celle formulée par d'autres Français. Ce n'est pas sur la nécessité ni la volonté de Défense Nationale, mais sur la conception des buts à poursuivre et à réaliser par la guerre, que surgissent les divergences.

Ces divergences ne peuvent pas atteindre l'union nationale pour la défense du pays, mais nous croyons très profondément qu'elles importent pour la conduite et pour la bonne et juste fin de la guerre.

Dans un conflit comme celui qui secoue aujourd'hui la terre entière, il n'y a pas que des forces matérielles en présence. Il y a des forces morales, des forces impondérables, d'autant plus redoutables que chacun peut croire de bonne foi les avoir bien pesées, et que leurs effets, invisibles d'abord, vont se répercutant au loin dans le temps et dans l'espace pour aboutir aux plus périlleuses conséquences.

Qui peut savoir si les gouvernements, après avoir un moment hésité, ou même penché, vers une acceptation de la Conférence internationale, n'ont pas commis une grande faute en s'y opposant, en jetant le soupçon sur des socialistes dont le patriotisme était cependant indéniable, en semant un germe de division qui croît en Angleterre comme en France ? Dans quelle mesure la conférence n'eût-elle pas permis de peser sur certaines idées de la Révolution russe comme sur l'action de certains socialistes allemands ?

Les gouvernements disent que leur interdiction a protégé les socialistes contre des pièges. Ils prétendent que les événements justifient leur décision. Mais les socialistes ne sont pas moins ardents à dire qu'à isoler les socialistes russes, à se priver de l'action diplomatique socialiste, les gouvernements ont desservi à la fois la cause des Alliés et la cause de la paix juste, et que les répercussions se font sentir maintenant sur les développements de la guerre.

L'histoire seule, quand les événements auront abouti à la paix, départagera les uns et les autres.

Mais les socialistes de France qui sont convaincus de servir non seulement leur idéal particulier mais encore, avec la cause de la malheureuse humanité, celle de la nation, font appel au pays pour qu'il réfléchisse sur les problèmes redoutables où est engagé l'avenir.

Sur la Défense nationale, même au point de vue militaire, les socialistes ont à plusieurs reprises signalé les fautes commises, défini leur conception de l'action. Nous avons pensé que l'heure était venue de replacer sous les yeux de l'opinion publique française tous les documents par lesquels s'est exprimée officiellement, *depuis le début de la guerre, cette conception. Nous les donnons en annexes sans aucun commentaire.*

Mais nous attirons l'attention sur un certain nombre de documents qui n'ont été que récemment livrés à la publicité : Il s'agit des Lettres du Groupe socialiste *aux divers présidents du Conseil. Le Groupe socialiste a écrit ces lettres à des heures où il pensait ne pas pouvoir porter publiquement à la tribune ses angoisses et ses avis. Elles permettront au lecteur de juger, en se reportant aux événements et aux dates, de la fermeté, de la rectitude, de la continuité de la pensée socialiste à travers les terribles événements que nous vivons.*

Elles éclairent quelques-unes des initiatives publiques prises par le Groupe socialiste, elles permettront aussi de juger si le Parti socialiste fut de ceux qui eurent le moins de clairvoyance nationale.

RÉPONSE AU QUESTIONNAIRE

en vue de

LA CONFÉRENCE DE STOCKHOLM

Déclaration préliminaire

Lorsque les socialistes des pays alliés, en février 1915, se réunirent à Londres, la résolution qui fut votée s'exprimait ainsi :

La Conférence ne songe pas à méconnaître les causes générales et profondes du conflit européen, produit monstrueux des antagonismes qui déchirent la société capitaliste et d'une politique de colonialisme et d'impérialisme agressifs, que le socialisme international n'a cessé de combattre et dans laquelle tous les gouvernements ont une part de responsabilité.

Mais l'invasion de la Belgique et de la France par les armées allemandes menace l'existence des nationalités et porte atteinte à la foi des traités.

Dans ces conditions, la victoire de l'impérialisme germanique serait la défaite et l'écrasement de la démocratie et de la liberté en Europe.

Les socialistes d'Angleterre, de Belgique, de France, de Russie, ne poursuivent pas l'écrasement politique et économique de l'Allemagne. Ils ne font pas la guerre aux peuples, mais aux Gouvernements qui les oppriment. Ils veulent que la Belgique soit libérée et indemnisée. Ils veulent que la question de la Pologne soit résolue, conformément à la volonté du peuple polonais, dans le sens de l'autonomie au sein d'un autre Etat, ou de l'indépendance complète. Ils veulent que, dans toute l'Europe, de l'Alsace-Lorraine aux Balkans, les populations annexées par la force recouvrent le droit de disposer d'elles-mêmes.

Inflexiblement décidés à lutter jusqu'à la victoire pour accomplir cette tâche de libération, ils ne sont pas moins résolus à combattre toute tentative de transformer cette guerre de défense en une guerre de conquêtes, qui préparerait de nouveaux conflits, créerait de nouveaux griefs, livrerait les peuples, plus que jamais, au double fléau des armements et de la guerre.

Convaincus d'être restés fidèles aux principes de l'Internationale, ils expriment l'espoir que bientôt, reconnaissant l'identité de leurs intérêts fondamentaux, les prolétaires de tous les pays se retrouveront unis contre le militarisme et l'impérialisme capitaliste.

La victoire des Alliés doit être la victoire de la liberté des peuples, de l'unité, de l'indépendance et de l'autonomie des nations, dans la Fédération pacifique des Etats-Unis de l'Europe et du monde.

Le Parti socialiste français, à l'heure de répondre au questionnaire formulé par la Délégation hollando-scandinave, n'a rien à retrancher de cette déclaration.

S'il croit devoir y ajouter, s'il donne ici quelques développements, c'est que, d'une part, il lui apparaît utile d'apporter les justifications de fait pour son attitude, et que, d'autre part, s'il veut déterminer les conditions et les garanties d'une paix durable, le socialisme international ne peut se soustraire à la recherche des causes lointaines et prochaines qui ont facilité ou provoqué la guerre.

La section française de l'Internationale est ainsi pleinement d'accord avec le questionnaire de la Délégation, dont les questions détaillées embrassent bien l'ensemble du problème.

L'enseignement des fautes permettra au socialisme international, se plaçant au-dessus des égoïsmes des classes et des nations, de rechercher les mesures pour éviter le retour d'une telle catastrophe, qui anéantit des millions de vies humaines, qui détruit les richesses accumulées par des siècles de civilisation, et qui rejette ainsi, non pas seulement l'Europe, mais la terre entière, vers la barbarie et la famine.

Il ne suffit pas au socialisme d'affirmer des points de vue généraux et abstraits. S'il veut jouer sur les événements, entrer dans la vie des peuples, faire comprendre aux prolétaires qu'il leur apporte la lumière et la justice, le socialisme ne peut pas seulement déclarer qu'il n'y aura vraiment pleine sécurité que le jour où il sera entièrement réalisé. Sans doute, cela reste vrai, d'une façon générale. Mais le socialisme est en beaucoup de points assez fort, la classe ouvrière est assez vigoureusement organisée, pour que l'un et l'autre puissent peser sur l'avenir, si la volonté est ferme et le dessein assuré. Le Congrès de Stuttgart a dit :

Les guerres sont de l'essence du capitalisme et ne cesseront que par la suppression du système capitaliste, ou bien, quand la grandeur des sacrifices en hommes et en argent exigée par le développement de la technique militaire, et la révolte provoquée par les armements, auront poussé les peuples à renoncer à ce système.

Il est normal de penser que les sacrifices apparaîtront à la race humaine comme assez lourds et assez sanglants, pour que le prolétariat qui aura porté le poids principal veuille, d'un cœur résolu, empêcher le recommencement de la guerre.

Même dans les pays où le pouvoir n'est pas

tout entier aux mains du socialisme, celui-ci peut obliger ceux qui gouvernent à tenir compte du cri d'angoisse jeté par les peuples, et du besoin de paix définitive dont ce cri est l'expression.

La Question des Responsabilités

A. Les Responsabilités générales

Deux causes profondes ont déterminé la guerre :

1° L'existence en Europe d'un certain nombre de nationalités opprimées, legs d'un passé d'impérialisme politique et dynastique où les problèmes économiques ont certes leur rôle, mais où la responsabilité du capitalisme n'est pas directement engagée, puisque certains de ces faits lui sont antérieurs ;

2° Le développement des effets du capitalisme qui est venu compliquer les problèmes de l'impérialisme politique par les problèmes de l'impérialisme économique issus de la concurrence et de l'interdépendance des peuples.

Le partage de la Pologne, l'annexion des provinces danoises, puis de l'Alsace-Lorraine, l'oppression de fractions de nationalités italienne, tchéco-slave et yougo-slave sous le sceptre des Habsbourg, les ambitions de la Russie tsariste, la domination turque sur les populations des Balkans sont les faits européens les plus saillants qui rendaient instable l'équilibre.

Un coup grave à cet équilibre avait été déjà porté par les guerres balkaniques, annonciatrices de la guerre générale.

L'Europe qui, par l'union sincère des grandes puissances, aurait pu assurer la paix, s'était trop laissée aller aux aventures coloniales de toutes sortes pour intervenir avec autorité. L'autorité morale lui manquait. Les rivalités la paralysaient. « Cherchez l'Europe », demandait alors Jaurès avec une clairvoyance angoissée.

Chacune des grandes nations européennes, sous la poussée de son capitalisme, s'efforçait de développer son domaine colonial, se précipitait à la recherche des débouchés pour ses produits, à la recherche des matières premières nécessaires à sa surproduction, jetait au dehors ses capitaux pour s'assurer, en particulier, la propriété des moyens de transport internationaux. L'Europe (l'Angleterre et la France au premier rang) se partageait ainsi le monde pendant que l'Amérique, s'organisant et s'isolant à l'écart en Républiques libres, n'échappait cependant pas pleinement à l'appétit de colonialisme.

C'est une série de coups de force qui mettait le Maroc aux mains de la France et de l'Espagne, la Bosnie et l'Herzégovine aux mains de l'Autriche, la Tripolitaine aux mains de l'Italie. Au lieu de se constituer en fédération, les Balkaniques se déchiraient pour le partage des dépouilles de l'Empire turc qu'ils venaient de vaincre, la Russie échouait contre le Japon naissant à l'influence mondiale.

L'Allemagne, tard venue à son unité, tard venue à l'action mondiale et à ces partages, mais forte d'un développement économique considérable, devait nécessairement se heurter partout à ses concurrents. Son ambition dévoratrice devait accumuler encore les causes de conflit et en précipiter le moment.

Du moins, des gouvernements prévoyants, concevant, se représentant les ruines et les horreurs d'une guerre, auraient cherché, d'une bonne foi agissante, à les retarder, à les éviter, et à donner au monde le temps de s'organiser pour la paix.

Mais les conférences de La Haye n'avaient été qu'une velléité. Il convient du reste de marquer qu'à ces conférences, l'Allemagne, particulièrement, suivie de l'Autriche, de la Turquie, de la

Bulgarie et aussi, hélas ! de la pauvre héroïque Belgique et de la Suisse démocratique, avait fait aux propositions d'arbitrage obligatoire généralisé une résistance victorieuse qui avait annihilé toute efficacité de ce timide effort des gouvernements. C'est là une de ses responsabilités lointaines qui ne peut pas être oubliée.

Peut-être aussi faut-il noter que la croissance du socialisme et les possibilités de mouvement révolutionnaire qui en découlent n'étaient pas sans inquiéter les gouvernements et sans leur donner la tentation de maintenir leurs armements autant pour l'ordre à l'intérieur que pour la défense contre l'extérieur.

Quoi qu'il en soit, puisque les dirigeants se trouvaient ainsi défaillants pour l'œuvre de paix, il eût fallu que les peuples eux-mêmes, suivant l'appel que ne cessaient de leur adresser les socialistes, s'efforçassent de peser sur les gouvernements. Malheureusement ceux-ci ont pu, en des tractations secrètes d'une diplomatie toujours plus préoccupée des questions de prestige et d'égoïsme national que du véritable intérêt des peuples, engager des conventions qui n'avaient même pas le mérite d'être intelligemment conçues.

Cette diplomatie secrète a d'autant mieux exercé ses ravages qu'en nombre de pays les Parlements, ou bien n'existaient pas, comme en Russie, ou bien étaient impuissants, comme en Allemagne et en Autriche, soit par l'insuffisance du progrès démocratique, soit par l'inexistence du suffrage universel et par l'irresponsabilité subséquente des gouvernants devant les gouvernés.

Dans les pays démocratiques même, les peuples restaient le plus souvent dans l'ignorance des faits. Il fallait toute l'énergie et la clairvoyance des socialistes pour arracher à la diplomatie quelques-uns de ses secrets. Les combinaisons s'ébauchaient sans que les Parlements fussent tenus au courant, ni publiquement, ni par l'intermédiaire de leurs Commissions, et ces tractations louches n'étaient connues que lorsque leurs effets internationaux éclataient aux yeux les moins avertis.

Les peuples démocrates laissaient faire eux aussi. Ce n'est guère qu'à l'heure du danger imminent qu'ils sont plus efficacement intervenus, marquant ainsi cependant la supériorité certaine des démocraties sur les autocraties. Leurs représentants ont alors — c'est ce qui s'est passé en France — agi sur les ministres les plus directement responsables pour qu'ils ne se chargent pas du poids terrible de n'avoir rien fait pour essayer d'écarter le fléau qui menaçait l'humanité.

L'ignorance où ont été tenus les peuples a donc été facteur de guerre, comme était facteur de guerre la surenchère des armements qui a suivi la guerre de 1871. Les chefs de l'Allemagne militariste n'avaient-ils pas déclaré et prouvé, sous les yeux d'une Europe inerte, que la force était l'*ultima ratio*, et qu'elle justifiait toutes les emprises ?

B. Les Responsabilités immédiates

C'est en cet état que se trouvait l'Europe à la veille de la guerre de 1914. C'est en ce sens que des responsabilités générales sont engagées.

Le socialisme ne saurait oublier rien de tout cela à l'heure même où il veut dire son mot sur la paix durable. De tout cela, il résulte que ce ne sont point seulement des arrangements de détail, des marchandages de territoires qui peuvent assurer la sécurité du monde. C'est un système internationalement organisé des rapports entre les peuples qui pourra seul écarter à jamais la guerre.

Le sang des peuples crie donc qu'il faut que ce soit là la dernière guerre. Si celle-ci n'a pu être évitée, cherchons-en toutes les responsabilités, immédiates comme lointaines, pour y trouver la leçon des peuples.

Et ici, nous n'hésitons pas à le proclamer de toute la force de notre conviction : l'effroyable responsabilité d'avoir rendu inévitable la guerre européenne appartient aux gouvernants des empires centraux.

L'Arbitrage

Pour nous socialistes, qui voulons reconnaître, comme nous venons de le faire, les causes générales et lointaines, qui savons aussi comment les diplomaties les plus fourbes peuvent trouver, dans la complexité des faits, les plus faciles excuses et le moyen d'obscurcir la vérité, cette responsabilité immédiate ne s'établit point tant, à notre sens, par la volonté certaine d'hégémonie, par les combinaisons plus ou moins sournoises dont on peut trouver les preuves dans l'action des empires centraux, que par le refus répété, opposé par eux, à toutes les propositions de médiation et d'arbitrage par lesquelles la Triple-Entente a essayé de détourner l'orage.

Qui s'est refusé à accepter les arrangements amiables proposés a certainement *voulu* la guerre, a été le criminel.

Ce critérium n'est pas nouveau pour l'Internationale.

Voici comment s'exprimait Jaurès, le 7 septembre 1907, en commentant la résolution du Congrès de Stuttgart :

Je dis qu'avec cette règle, avec cette sommation d'arbitrage obligatoire, que vient de formuler l'Internationale réunie à Stuttgart, toutes les questions se simplifient. Il n'est plus nécessaire de rechercher dans la complication des événements, dans les rouéries de la diplomatie, dans les intrigues et le mystère des gouvernements, quel est le gouvernement qui attaque, quel est le gouvernement qui est attaqué. L'agresseur, l'ennemi de la civilisation, l'ennemi du Prolétariat, ce sera le gouvernement qui refusera l'arbitrage et qui, en refusant l'arbitrage, acculera les hommes à des conflits sanglants. Et alors, l'Internationale vous dit que le droit, que le devoir des prolétaires, c'est de ne pas gaspiller leur énergie au service d'un gouvernement de crime, c'est de retenir le fusil dont les gouvernements d'aventure auront armé le peuple et de s'en servir, non pas pour aller fusiller, de l'autre côté de la frontière, des ouvriers, des prolétaires, mais pour abattre révolutionnairement le gouvernement de crime.

On retrouvera ce critérium à la base de toute l'action que Jaurès et le Parti socialiste français menèrent pendant la semaine au cours de laquelle, avec une rapidité foudroyante, se précipita le conflit. Nous déposerons entre les mains du B. S. I., à cet égard, les documents qui établiront la vigueur et les effets de cette activité : articles de Jaurès, manifestes du Parti, comptes rendus du groupe socialiste au Parlement.

Nous voulons reconnaître cependant que les conditions dans lesquelles allaient se dérouler les événements n'avaient pas cette rigueur simple du raisonnement de Jaurès. Les gouvernements, même démocratiques, n'étaient pas assez conquis à l'arbitrage international ; ils avaient trop le sentiment que les grandes puissances devaient chercher dans leur force seule les moyens d'écarter le danger, pour avoir songé à faire appel à un arbitrage net qui se fût en quelque sorte imposé à partir du moment où on lui eût donné publicité.

Cette réticence n'explique-t-elle pas que nous n'avons connu l'offre directe d'arbitrage du tsar à l'empereur Guillaume II que plusieurs mois après la déclaration de guerre, chacun des deux gouvernements ayant dissimulé dans son *Livre diplomatique* ces faits capitaux : l'offre d'arbitrage et l'absence de réponse ?

Dans la journée du 31 juillet, Jaurès avait songé, avec une vivacité d'intention qui se serait traduite en acte le lendemain, à télégraphier à M. Wilson pour lui demander d'offrir l'arbitrage des Etats-Unis à l'Europe. Son assassinat empêcha la démarche. Le monde roulait sans obstacle, vers sa destinée.

Qui n'a pas voulu de médiation

Néanmoins, et ces réserves faites, il est hors de doute que les Empires centraux ont rejeté toute tentative « d'arranger » le conflit autrement que par les armes. L'examen des faits à ce point de vue est caractéristique.

L'Autriche envoie un ultimatum à la Serbie, le 23 juillet, laissant à celle-ci deux jours pour répondre et refusant à l'Europe de prolonger le délai de réponse.

La Serbie accepte les conditions posées, sauf deux, qu'elle *propose de soumettre à l'arbitrage de la Haye.*

L'Autriche ne discute même pas, ne répond pas sur cette offre. *Elle déclare la guerre.*

Le 26 juillet, l'Angleterre, appuyée vigoureusement et sincèrement par la France, *propose une médiation des quatre puissances : Angleterre, France, Allemagne, Italie.*

L'Autriche et l'Allemagne refusent, sous prétexte que l'affaire ne regarde pas l'Europe et l'Autriche engage les hostilités, le 29 juillet au matin.

Le 29 juillet, le tsar Nicolas envoie à l'empereur Guillaume le télégramme auquel nous faisons allusion plus haut :

Merci pour ton télégramme conciliant et amical. Attendu que le message officiel présenté aujourd'hui par ton ambassadeur à mon ministre était conçu dans des termes très différents, je te prie de m'expliquer cette différence. IL SERAIT JUSTE DE REMETTRE LE PROBLÈME AUSTRO-SERBE A LA CONFÉRENCE DE LA HAYE. *J'ai confiance en ta sagesse et en ton amitié.*

La réponse de Guillaume II ne *fait même pas allusion à cette offre d'arbitrage. Il refuse donc.*

Ainsi, le dessein de déchaîner la guerre s'éclaire manifestement. Toutes les démonstrations qu'on pourrait apporter pour prouver la bonne volonté de l'Angleterre et de la France, en vue d'écarter le conflit, ou pour prouver au contraire que les empires centraux poussaient avec une activité fébrile leurs préparatifs de guerre, si elles ne sont point négligeables, pâlissent auprès de ces constatations qui témoignent de la réalité du dessein austro-allemand.

Il ne suffit pas d'invoquer, après coup, même la mobilisation russe, qui était une réponse et une mesure de précaution en face des actes accomplis et des préparatifs certains de l'Autriche et de l'Allemagne.

La mobilisation russe risquait à coup sûr d'accélérer le rythme des événements, vers la guerre ; Jaurès et le Parti socialiste français l'avaient marqué, l'un dans ses articles, l'autre dans ses manifestes du 28 et du 29 juillet. Les socialistes ont alors énergiquement réclamé au gouvernement français d'agir et directement, et par l'Angleterre, sur le gouvernement russe, pour que celui-ci ne donnât pas de prise aux prétextes qu'on pourrait invoquer de l'autre côté. Mais la mobilisation méritât-elle d'être considérée comme une imprudence commise, *elle avait été précédée du refus d'arbitrage par l'Autriche*, et elle ne suffit pas à permettre aux puissances centrales de rejeter la responsabilité sur les puissances de l'Entente.

Les événements ne se sont pas déroulés sans la volonté des hommes. Ces hommes, gouvernants responsables, n'ont pas pris leurs décisions au moment même où ils les ont fait connaître. Ces décisions publiques sont le résultat de leurs réflexions antérieures, de leurs décisions secrètes, de leur volonté définie dans le silence. Or, *si les empires centraux ont refusé publiquement toutes les procédures de médiation ou d'arbitrage, qu'avaient-ils donc voulu et déterminé dans le silence ?*

La Neutralité Belge

Il était réservé aux dirigeants allemands d'ajouter un trait pour marquer leur mépris de l'action internationale : *la violation de la neutralité belge, garantie cependant par leur propre signature.* Si nous ne pouvons nous dispenser de ce rappel, c'est que cet acte devait être et reste un des obstacles les plus graves à la paix, puisqu'il met en cause la foi des traités, et interdit au monde de se reposer en sécurité sur elle.

La Déclaration de Guerre

Nous nous garderons d'entrer dans l'exégèse des discussions entre les diplomaties. Il y a si parfaite évidence que, suivant un mot de Bebel, *il serait triste que nous soyons incapables de discerner.* Cependant, nous, Français, qui affirmons n'avoir, par sollicitude pour la patrie et l'indépendance nationale, rien oublié de notre passion pour une Internationale active en faveur d'une paix sûre, nous avons le devoir de replacer sous les yeux de nos frères de tous pays le document que voici :

Lettre remise par l'ambassadeur d'Allemagne à M. René Viviani, président du conseil, ministre des affaires étrangères, au cours de son audience de départ, le 3 août 1914, à 18 h. 45.

Monsieur le Président,

Les autorités administratives et militaires allemandes ont constaté un certain nombre d'actes d'hostilité caractérisée commis sur le territoire allemand par des aviateurs militaires français. Plusieurs de ces derniers ont manifestement violé la neutralité de la Belgique, survolant le territoire de ce pays ; l'un a essayé de détruire des constructions près de Wesel, d'autres ont été aperçus sur la région de l'Eifel, un autre a jeté des bombes sur le chemin de fer près de Karlsruhe et de Nuremberg.

Je suis chargé et j'ai l'honneur de faire con-

naitre à Votre Excellence qu'en présence de ces agressions l'Empire allemand se considère en état de guerre avec la France, du fait de cette dernière puissance.

J'ai en même temps l'honneur de porter à la connaissance de Votre Excellence que les autorités allemandes retiendront les navires marchands français dans des ports allemands, mais qu'elles les relâcheront si, dans les quarante-huit heures, la réciprocité complète est assurée.

Ma mission diplomatique ayant ainsi pris fin, il ne me reste plus qu'à prier Votre Excellence de vouloir bien me munir de mes passeports et de prendre les mesures qu'elle jugera utiles pour assurer mon retour en Allemagne, avec le personnel de l'ambassade, ainsi qu'avec le personnel de la légation de Bavière et du consulat général d'Allemagne à Paris.

Veuillez agréer, Monsieur le Président, l'expression de ma très haute considération.

Signé : Schœn.

Voilà les raisons *invoquées* par l'Allemagne *pour déclarer la guerre à la France*, ou plutôt pour affirmer que *c'est la France qui s'est mise, de son fait, en guerre avec l'Allemagne !*

Peut-on trouver raisons plus pitoyables, quand la France peut prouver qu'elle a tenu à éviter tous incidents en donnant l'ordre de maintenir ses armées à 10 kilomètres en deçà de sa frontière ? Si l'Allemagne avait de vraies, graves, impérieuses raisons, comment n'y faisait-elle aucune allusion ?

Un Aveu de Mensonge

Mais il y a pire. Le document dit :

« Un aviateur a jeté des bombes sur le chemin de fer près de Karlsruhe et de Nuremberg. »

Nous croyons faux tous les faits indiqués dans la déclaration de M. de Schœn. Nous ne nous attachons qu'à celui-ci parce que le mensonge est maintenant avoué :

Le 18 mai 1916, en effet, le docteur Shwalbe, directeur de la *Deutsche Mezinische Wochenschrift*, écrivait :

D'un échange de lettres ultérieur entre le conseiller secret Riedel et la municipalité de Nuremberg, il résulte que cette affirmation, qui n'a jamais été démentie, mais qui a été au contraire universellement admise comme une preuve de la violation du droit des gens de la part d'aviateurs français, est contraire à la vérité. La municipalité de Nuremberg écrit en effet le 3 avril de cette année : « *Il n'est pas venu à la connaissance du général commandant le 3ᵉ corps d'armée bavarois que des bombes aient jamais été jetées par des aviateurs ennemis sur les lignes Nuremberg-Kissingen et Nuremberg-Ansbach avant ou depuis la déclaration de guerre. Toutes les affirmations et nouvelles de journaux relatives à ces faits ont été reconnues fausses.* (Haben sich als falsch herausgestellt.)

C'est donc sur des assertions fausses que non seulement la guerre a été déclarée à la France, mais qu'on a entraîné le peuple allemand dans la complicité du crime impérial.

Le peuple allemand n'avait plus à ce moment aucun moyen de connaître la vérité.

C. Les Responsabilités de l'Internationale

Pourquoi est-il nécessaire à nos yeux d'établir ces faits ? C'est qu'il nous paraît aussi indispensable pour l'Internationale de les peser afin de mesurer le sens et la vigueur de son action pour la paix durable, et de savoir ce qu'elle peut attendre de l'action des diverses sections socialistes qui la composent, qu'il était indispensable de savoir, d'établir les responsabilités générales ou immédiates, pour savoir quelles sont les conditions de paix que l'Internationale doit réclamer.

Pour notre part, nous ne saurions accepter la thèse que les responsabilités ne valent pas la peine d'être étudiées et établies. Les sections allemande et autrichienne n'ont pas toujours été de cet avis. Notre manifeste du 15 juillet 1915 le rappelle.

L'Internationale elle-même a bien dû s'en occuper, car le 29 juillet 1914, à la réunion du Bureau Socialiste International, dont nous demandons du reste communication du compte rendu, Jaurès et Haase. si nous sommes bien renseignés, ont vigoureusement appelé les socialistes autrichiens à l'action contre leur gouvernement, et montré toute la gravité des responsabilités de l'Autriche.

Enfin, lorsque le citoyen Muller, du Parteivorstand, est venu, accompagné de Camille Huysmans et de De Man, au groupe socialiste du Parlement, le 1er août, pour nous demander de voter contre les crédits militaires ou tout au moins de nous abstenir afin de réaliser une attitude commune, les socialistes français ne lui ont pas caché que si la France était attaquée, envahie, il ne leur serait possible de refuser ni leur vote, ni leur action à la Défense nationale. Mais les socialistes étaient décidés à ne donner l'un et l'autre que si le gouvernement français avait fourni ses preuves de sincérité pour le maintien de la paix, de volonté pour écarter la guerre.

Ils étaient résolus à ne donner cet assentiment de toute leur âme qu'à une guerre défensive. La question de savoir « qui est l'agresseur » se posait donc pour eux. Ils ne pouvaient se réfugier derrière la formule que « tous les gouvernements sont également coupables », et qu'il est impossible de distinguer entre eux.

C'est parce que nous croyons cette conception la seule digne du socialisme international et de la justice qu'il doit représenter, que nous n'avons pas été surpris de voir l'Internationale se préoccuper, elle aussi, des responsabilités.

L'Autriche peut-elle fournir des preuves que la Serbie l'a attaquée ? L'Allemagne peut-elle fournir des preuves que la Belgique et la France l'ont attaquée ? Les empires centraux peuvent-ils fournir la preuve qu'ils ont accepté les médiations et arbitrages proposés ?

La section allemande pouvait-elle, le 4 août 1914, invoquer les mêmes raisons défensives que les socialistes français pour voter les crédits, et pour associer son action à celle du gouvernement impérial ? Si elle a été trompée alors, ce qui est connu maintenant permet-il de continuer cette association ? Est-ce par là qu'elle sert la paix ?

Pour définir les conditions de la paix juste, pour donner un avis utile d'action, l'Internationale n'est-elle pas obligée de juger ? Est-ce à la France pacifique socialiste et démocrate qu'elle donnera un conseil de Révolution ? Ou bien est-ce d'abord au socialisme de l'Allemagne et de l'Autriche responsables, que s'adresseront ses objurgations ?

Le Parti socialiste français attend avec confiance le jugement de l'Internationale.

Le Contenu de la Paix

La recherche des responsabilités conduit à la recherche des garanties pour une paix durable. Connaissant les responsabilités, on peut définir les garanties.

La recherche des causes générales dont on peut dire qu'elle dégage ou atténue la responsabilité des peuples et permet leur accord, malgré le désastre de la guerre, conduit à définir les règles de l'organisation internationale de la paix. La recherche des causes immédiates, qui aboutit à engager la responsabilité des gouvernants coupables, conduit à définir les garanties nationales que chaque peuple doit donner à tous les autres pour le respect de cette paix organisée.

Mais d'abord le socialisme, qui veut représenter les intérêts permanents des peuples, peut-il accepter une paix sans garanties ?

Il semble bien qu'il n'y ait pas discussion sur ce point dans l'Internationale. Chacun se dit que, sans garanties, la sécurité du monde sera de nouveau à la merci d'ambitions hégémoniques comme à la merci d'appétits économiques.

Il n'y a pas deux solutions, c'est l'alternative : ou des garanties, ou le monde livré aux hasards renouvelés de la force.

Trois ans de batailles ont agi sur les esprits les plus chauvins, les plus fermes, et nul n'ose plus soutenir la nécessité, la noblesse, la divinité de la guerre, et lorsqu'on parle de démembrements, annexions, traités léonins aboutissant à l'écrasement, à l'anéantissement de l'ennemi, on les couvre des vocables de garanties stratégiques et territoriales, de précautions contre le retour d'agressions. Mais pour maintenir ces démembrements, ces annexions nouvelles, cet anéantissement indéfini, quelle autre issue resterait aux peuples que la force individuelle de chaque nation ou plutôt de chaque groupe de nations ? Ce serait la force aggravée avec ses surarmements, le monde entier succombant sous le poids. Ce serait aussi la persistance des diplomaties secrètes, car de telles ligues ne peuvent agir qu'à la condition de laisser dans l'ombre leurs clauses les plus dangereuses.

L'Internationale n'accepte pas cette solution. Les peuples vont avec certitude à une autre conception qui est la constitution du monde en une organisation où les conflits seront écartés parce que chaque peuple verra son droit reconnu, assuré, respecté.

Le socialisme ici se confond avec l'intérêt des peuples, et c'est ainsi qu'il est amené à proclamer le Droit des Peuples à disposer d'eux-mêmes, principe suprême de l'ordre international nouveau appuyé sur la Société des Nations.

La Déclaration des Droits des Peuples, la Société des Nations doivent être, selon nous, l'expression, l'essence même de la paix. La paix sans cette double proclamation ne serait pas la paix. Suivant ces principes inséparables la paix durable pourrait être signée dès que tous les gouvernements s'y seraient ralliés ; suivant ces principes devront être résolues toutes les difficultés particulières auxquelles la force seule, isolée du droit, ne peut donner que des solutions provisoires.

A. Le Droit des Peuples à disposer d'eux-mêmes

La constitution des nationalités et le statut des peuples ne peuvent reposer que sur la volonté des éléments qui les composent. Le socialisme répudie le droit historique, qui n'est que la consécration des violences successives, et le prétendu droit dynastique, qui traite l'humanité comme un bétail. Ni la communauté de langue, ni la communauté de race, — toujours équivoque et incertaine — ni tout autre facteur du même ordre ne sauraient être invoqués ici. Le libre choix des collectivités est l'unique fondement d'une organisation politique juste et durable.

C'est cette conception issue de la Déclaration des Droits de l'Homme et du Citoyen qui a guidé la diplomatie révolutionnaire jusqu'au jour où la Révolution française s'est retournée contre elle-même. En 1790, le mouvement des Fédérations en est la sanction la plus éclatante. Merlin de Douai écrit à ce moment : « Le peuple alsacien s'est uni au peuple français, parce qu'il l'a voulu. C'est sa volonté seule, et non le traité de Munster, qui a légitimé l'union. » Dans les instructions qu'il lance au nom du Comité diplomatique, Lazare Carnot écrit : « Les nations sont entre elles, dans l'ordre politique, ce que sont les individus dans l'ordre social. » Elles ont, comme eux, leurs droits respectifs : « Pas d'annexion, sans que les communes l'aient demandée par un vœu libre et formel... Tout peuple est égal en droit au plus grand. »

En 1795, dans son *Projet de paix perpétuelle*, Kant écrit : « Un Etat n'est pas une propriété. C'est une société d'hommes sur laquelle personne n'a le droit de commander et d'ordonner autrement qu'elle-même. » C'est en vertu de cette doctrine qu'en 1796 la République de Mulhouse se donne à la République française.

Le Socialisme international s'est approprié la pensée de la Révolution française. Les délibérations des Congrès de Zurich (août 1893), de Londres (août 1896), de Bâle (novembre 1912), ont proclamé, avec une précision croissante, le droit des peuples sur eux-mêmes. La Conférence des socialistes des pays alliés, tenue à Londres, en février 1915, s'est bornée à reprendre cette tradition, à laquelle souscrivait, peu après, la Conférence socialiste austro-allemande de Vienne, en affirmant la « reconnaissance du Droit des peuples à disposer d'eux-mêmes ».

Tout parti socialiste qui entend rester fidèle aux thèses de l'Internationale et aux conceptions démocratiques se doit de réitérer aujourd'hui son attachement à ces idées simples et lumineuses : il n'y a pas de nation hors la volonté des éléments qui en font partie ; nulle communauté humaine ne peut subir un statut auquel elle répugne ; elle doit pouvoir rester indépendante ou s'agréger aux collectivités de son choix. Il n'y a pas de droit supérieur à celui de la libre option.

L'Europe était perpétuellement menacée de conflagration parce qu'en quelques foyers d'irrédentisme le feu couvait sous la cendre. Pour éteindre à jamais ces foyers d'irrédentisme, il n'y a qu'un moyen : libérer les populations *irrédentes* et permettre la reconstitution ou la constitution des unités nationales voulues par les peuples. Alors l'Europe aura trouvé l'équilibre moral dont aucun équilibre mécanique des forces ne peut tenir lieu, et qui est indispensable au rétablissement et à la permanence de la paix.

Proclamation du droit des peuples de disposer

librement d'eux-mêmes ; le gouvernement américain a fait de ce principe la clef de voûte de la Société des Nations ; le gouvernement de la Russie révolutionnaire en a fait l'un des postulats fondamentaux de la paix ; le gouvernement français a donné le 4 juin son adhésion ; le gouvernement anglais en a reconnu, non seulement par des déclarations solennelles, mais pratiquement, la valeur vitale, lorsque, hier, il a décidé de résoudre la question irlandaise par la libre consultation de l'Irlande elle-même.

B. La Société des Nations

Mais comment ce principe acquerra-t-il la vertu de la réalité, d'une réalité prolongée dans le temps ?

A quoi bon proclamer le Droit des peuples à disposer d'eux-mêmes, s'il reste à la merci de nouveaux coups de force des gouvernements de rapine, si les traités internationaux ne sont que chiffons de papier, et si l'abus de la force par quelques Etats bandits leur permettait d'avoir le dernier mot ? Il faut donc créer une force internationale suprême faite de l'union de toutes les forces nationales :

Force tellement supérieure, suivant les paroles du président Wilson dans son message du 22 janvier, à celle de l'une quelconque des nations actuellement en guerre, ou à toute alliance formée ou projetée jusqu'à présent, qu'aucune nation et qu'aucune combinaison probable de nations ne puissent l'affronter ou lui résister.

La création de cette grande force internationale au service du Droit est l'objectif suprême de la Société des Nations. Mais quelle valeur aurait-elle si elle ne possédait à la fois une procédure lui permettant de se déterminer entre les droits, les intérêts, ou même les amours-propres complexes des nations, et les moyens, coercitifs au besoin, de faire respecter les sentences du Droit international ?

Respect des traités internationaux, suppression des diplomaties secrètes, procédures arbitrales, sanctions militaires et économiques, tels sont les éléments nécessaires de la solution du problème.

A ce prix seulement pourra être établi un régime de paix. A ce prix seulement le règlement pacifique de *tous* les conflits, sans aucune exception, cessera d'être un rêve pour devenir la réalité possible, la réalité organisée.

On ne saurait admettre dans ce domaine, à cette heure, de demi-solution. Les peuples aspirent à la paix, certes, mais, plus encore, ils veulent la sécurité. Ils réclament des certitudes. Ils ne permettraient pas que l'avenir des générations futures fût abandonné à des aléas plus redoutables encore que l'atroce réalité d'aujourd'hui. C'est sur ce sentiment que spéculent, ainsi que nous le disions, tous ceux qui, dans tous les pays, préconisent la politique des conquêtes. Emparons-nous des positions stratégiques maîtresses, disent-ils. Emparons-nous des mines de fer, des mines de houille, nerf de la guerre. Devenons si forts et rendons l'ennemi si faible, que la résistance aussi bien que l'agression lui soient impossibles, et que cette impuissance, en face de notre toute-puissance, fasse notre sécurité. — Cette conception, même si elle n'existe, ou ne subsiste, que d'un côté, a pour conséquence la lutte jusqu'à l'extermination de l'une au moins des deux parties. Cette conception exécrable signifie le suicide de l'humanité. Mais il n'y a qu'un moyen d'échapper, d'arracher les peuples aux conséquences de son insidieuse logique : c'est l'adhésion loyale et totale au système diamétralement opposé, celui qui bâtit le monde sur le Droit, et qui appuie le Droit de garanties internationales souveraines, mettant au service du droit de chaque peuple la force organisée de l'humanité tout entière.

La Diplomatie secrète

L'une des premières exigences de la situation créée par l'existence de la Société des Nations consiste dans l'obligation imposée à tous les gouvernements par la loi internationale et par les constitutions nationales de soumettre au contrôle démocratique de leurs Parlements toutes les questions relatives à leur politique extérieure.

Comment, en effet, admettre l'existence de traités secrets qui pourraient entrer en opposition avec les principes mêmes de la Société des Nations et préparer, par conséquent, de redoutables lendemains ?

Tout traité qui n'aura pas été approuvé par les Parlements de tous les pays intéressés sera déclaré nul. Tout gouvernement qui aura mis sa signature au bas d'un traité secret sera coupable de félonie. Et comme le contrôle parlementaire en matière de politique extérieure ne peut être assuré que par la souveraineté populaire et par la responsabilité gouvernementale devant le Parlement, la condition première de la paix durable, c'est la généralisation de la démocratie. Pour cette raison, le peuple russe, par sa révolution, a bien mérité de l'humanité comme il en a bien mérité en déclarant avec le président Wilson que la paix ne pourra être signée qu'avec les peuples d'Autriche et d'Allemagne maîtres de leurs destinées.

Le Contrôle international

Le contrôle démocratique exercé par chaque Parlement sur son propre gouvernement devra se doubler d'un contrôle international exercé par la Cour suprême de la Société des Nations et par des commissions internationales, sur l'ensemble des gouvernements. Il faudra pouvoir faire front, immédiatement, aux attaques brusquées du faux et du mensonge. Le 3 août 1914, le gouvernement allemand déclarait la guerre à la France parce que des aviateurs français avaient jeté des bombes aux environs de Nuremberg. Le 3 avril 1916, les autorités militaires allemandes reconnaissaient que, jamais, aucun fait de cet ordre ne s'était produit. Mais la guerre avait été déclenchée, à l'heure où l'on avait voulu la déclencher, et on avait obtenu du Reichstag unanime les crédits de guerre qu'on lui demandait. Il faut rendre, désormais, de pareils coups impossibles, par la mise en action instantanée de commissions internationales d'enquête siégeant en permanence dans tous les pays. Les résultats des enquêtes seront immédiatement notifiés à la Cour des Nations qui, par ses communiqués officiels, insérés d'office dans tous les journaux du monde, en saisira aussitôt l'opinion universelle.

Commissions d'Enquête et d'Arbitrage
La « League to enforce peace »

Nous approuvons, dans tout ce qu'elles contiennent d'éléments positifs, les propositions de la *League to enforce peace* ». Mais nous les jugeons insuffisantes. Que tout litige à propos duquel les parties ne réussissent pas à se mettre d'accord par des négociations amiables soit obligatoirement renvoyé devant une Commission d'enquête appelée à rapporter sur les faits devant un Conseil de conciliation ou devant la Cour d'arbitrage : c'est parfait, et nous demandons qu'en effet ces diverses procédures soient utilisées et organisées. Que d'autre part, au cas où l'une des parties se refuserait à comparaître devant la Commission d'enquête, le Conseil de conciliation ou la Cour d'arbitrage, la Communauté internationale soit mise en mouvement, avec toutes ses forces économiques et militaires, contre l'Etat rebelle, c'est encore, bien entendu, ce que nous approuvons pleinement. Mais la Ligue américaine pour assurer la paix et une série de groupements qui se réclament d'un programme de paix durable se contentent de ces obligations et de cette intervention. Ils n'imposent pas l'obligation pour les parties de se conformer à l'avis ou à la sentence.

Nous comprenons les motifs qui ont inspiré ce système. On a voulu ménager certaines habitudes de l'esprit public en ne proscrivant pas en principe et à jamais le recours à la force comme moyen de dénouer les conflits, et l'on a pensé qu'en fait on aboutirait à peu près sûrement à prévenir les guerres par des procédés dont la première conséquence serait de faire gagner du temps, de permettre aux passions de se calmer, à l'opinion publique de se ressaisir, aux amis de la paix dans tous les pays de faire, dans le calme et dans la pleine lumière d'un large débat international, leur grand effort pour la paix.

Nous ne contestons pas l'efficacité de ces moyens, dont, nous l'avons dit, nous entendons faire notre profit. Mais ils contiennent des restrictions qu'il est nécessaire d'écarter. Ce que les peuples réclament avant tout, répétons-le, c'est la sécurité, et ce système ne leur apporte pas la sécurité. Il impose l'obligation de l'enquête et l'obligation de l'arbitrage, mais les délais d'enquête écoulés, l'avis émis, la sentence rendue, il laisse aux parties leur entière liberté d'action. L'Etat condamné peut, après la condamnation, se retourner avec la force de ses armes contre l'adversaire auquel les arbitres ont donné raison. Ce faisant, il ne manque pas au pacte international, il ne viole pas la loi internationale, il n'accomplit pas un acte illicite : il exerce son droit. Oui, la guerre reste son droit ! Si bien que, finalement, on n'a pas seulement maintenu, on a *consacré* le droit à la guerre. Et cela signifie que l'Etat condamné aura licence d'écraser par les armes l'adversaire en faveur duquel la justice internationale aura rendu son arrêt. Cela signifie que les autres puissances pourront assister, passives, inertes, à cette opération. Pis que cela ! Les autres puissances, dans ce système, même si elles le voulaient, ne pourraient pas intervenir. Car elles seraient liées, à leur tour, vis-à-vis de l'Etat agresseur, par l'engagement pris par elles de respecter, en cas de conflit, les délais obligatoires d'enquête et de procédure. On sait que, récemment, précisément pour une raison de cet ordre, certains impérialistes allemands ont reproché à leur gouvernement d'avoir refusé de signer, avec les Etats-Unis, un traité d'arbitrage obligatoire qui eût paralysé ces derniers pendant une année. Avertissement salutaire ! Nous ne saurions donner notre adhésion à un système qui, tel qu'on nous l'offre, constituerait la plus dangereuse des duperies. Le régime de la paix organisée implique l'élimination totale de la force comme moyen de trancher les conflits internationaux, donc l'obligation pure et simple, pour les parties, de se conformer à l'avis ou à la sentence, et, en cas de rébellion d'un Etat, le devoir immédiat d'intervention, avec la totalité de ses moyens, aux côtés de l'Etat dont le droit est violé, de la Société des Nations tout entière.

La Réduction des Armements

Sous la sauvegarde des garanties que comporte ce régime, mais seulement sous cette sauvegarde, les peuples pourront s'engager tous ensemble et d'un même mouvement dans la voie de la réduction des armements. Ne nous le dissimulons pas. Si, au lendemain de cette guerre, ils ne peuvent pas compter sur la justice comme sur l'*ultima ratio* en cas de conflit ; si, en cas de violation du Droit, il ne se sentent pas unis les uns aux autres par un pacte international qui les solidarisera tous contre les violateurs ; s'ils ne sentent pas qu'il y a une force du monde, et que cette force est d'emblée au service de quiconque défend son droit ; si, en d'autres termes, ils se sentent menacés, en cas de difficultés internationales, d'être réduits à leurs seuls moyens ou aux moyens d'un groupe déterminé de puissances, ils seront entraînés, par la force des choses, à des armements toujours plus considérables entre eux, la surenchère des armements reprendra son cours, le précipitera même selon un rythme fiévreux dont seule la surenchère des armements de guerre peut nous donner quelque idée. Et il sera vain, en ce cas, il sera insensé de penser au désarmement, de parler de désarmement : l'humanité se ruera au surarmement, jusqu'à la barbarie, jusqu'à la nouvelle catastrophe, jusqu'à la conflagration de l'univers. Au contraire, si le système du particularisme nationaliste est renversé, et s'il fait place, non pas, certes, à celui des grandes alliances de combat, mais à celui de la Société des Nations, régie par le principe de nos organisations prolétariennes : « *Un pour tous, tous pour un* », alors, graduellement, les peuples s'habitueront à chercher leur salut dans l'action combinée de leurs propres forces et de celles de la Société des Nations tout entière, et ainsi les armements pourront être graduellement réduits. Sous le couvert d'un contrôle international sévère, ils pourront être réduits dans la mesure où la sécurité internationale croîtra, c'est-à-dire dans la mesure où fléchiront dans le monde les puissances de guerre, dans la mesure où s'étendra l'empire de la démocratie, dans la mesure où grandira l'influence internationale du prolétariat.

Ainsi seront allégés les budgets militaires.

Ainsi les peuples, après le déluge de dépenses de cette guerre, pourront entrevoir et préparer la restauration de leurs finances.

Ainsi sera éliminé de la vie internationale ce ferment de méfiance réciproque et d'exaltation chauvine : **la surenchère des armements**.

La Liberté des Mers

C'est un grave problème que celui de la liberté des mers. Les destins des peuples y sont engagés. La solution en est intimement liée au régime de la Société des Nations.

La guerre a fait comprendre à la fois de quelle importance est pour un peuple la liberté des mers et de quel poids la privation de cette liberté peut se trouver dans l'ordre des sanctions internationales, destinées à prévenir la guerre.

Il y a un siècle, il y a seulement un demi-siècle, une grande nation, à agriculture développée et riche en mines, pouvait aisément se suffire à elle-même. Il n'en est plus de même aujourd'hui. L'évolution capitaliste a noué entre les Etats les liens d'une interdépendance économique très forte. La division du travail, développée d'abord à l'intérieur des frontières d'un même pays, est devenue internationale. De nationale, l'économie est devenue mondiale. Aussi, la rupture des relations économiques d'un pays avec la presque universalité des autres le plonge dans un état inévitable de crise. La guerre nous montre l'Allemagne, l'industrielle Allemagne, souffrant d'une crise économico-physiologique de sous-alimentation. Il est naturel que, prévoyant un développement de sa population auquel ne pourrait pas correspondre la progression de sa production agricole, elle s'efforce de se prémunir contre la possibilité de blocus futurs.

Toute autre nation peut envisager que le même problème se poserait au cas d'une guerre nouvelle dans un régime où le système des alliances peut être variable. Comment se pose-t-il actuellement ? Comment la liberté des mers peut-elle être assurée à tous, à l'Allemagne elle-même ?

Il est un premier moyen : c'est la refonte des lois de la guerre, l'interdiction des blocus, la proclamation de la « liberté des mers ». Le droit à la guerre existerait comme par le passé. Les guerres se pratiqueraient sur terre comme par le passé. Mais les pays en guerre auraient le droit de communiquer librement avec tous les pays non-belligérants. Ils pourraient notamment se ravitailler en toute liberté. Une nation, ainsi, tout en mettant en valeur, sur terre, toutes les ressources de son militarisme, n'aurait plus à redouter la pression économique exercée sur elle par ses ennemis, maîtres des routes de la mer.

On ne saurait s'étonner que cette solution soit celle de l'Allemagne militariste. Elle ménage tous ses espoirs et sauvegarde tous ses intérêts. Mais il est clair qu'elle ne saurait convenir aux nations qui aujourd'hui luttent contre elle. Ce qu'elle lui donne, elle le leur enlève. Maintenant le règne de la force, elle accroît sa force et diminue la leur. Elle les prive d'un avantage décisif qu'elles ont sur elle. Aussi est-il clair qu'elles ne sauraient accepter bénévolement cette solution.

Elles le peuvent d'autant moins qu'elles doivent redouter que le sacrifice immédiat qu'elles consentiraient ne soit suivi à bref délai d'un dommage plus grand encore. L'Allemagne militariste, après avoir conquis la liberté des mers en temps de guerre, la respectera-t-elle ? Dans un monde anarchique où les conventions internationales ne sont pas protégées, et où le violateur de ces conventions, non seulement ne voit pas se dresser contre lui toutes les puissances, mais demeure l'ami déclaré de tous les neutres, l'Angleterre et ses alliés n'ont aucune garantie que l'Allemagne n'usera pas de la liberté des mers pour la confisquer, c'est-à-dire pour établir soudain, par un coup de force, sa maîtrise des mers. Le monde laisserait faire, comme il a laissé violer la neutralité du Luxembourg, de la Belgique, et l'Angleterre, insulaire, industrielle, dépendante du marché mondial, pour son ravitaillement, à un bien plus haut degré que l'Allemagne, serait à la merci de l'Allemagne, maintenant maîtresse des mers.

On le voit, sur ce terrain, entre l'Allemagne et ses adversaires d'aujourd'hui, et tout particulièrement entre l'Allemagne et l'Angleterre, il y a un antagonisme irréductible d'intérêts vitaux.

L'Allemagne invoque en faveur de sa conception de la « liberté des mers » le droit des neutres. Mais les neutres savent comment a été respecté ce droit dans le Luxembourg, en Belgique, et sur mer. Ils savent que les restrictions apportées à la liberté du commerce, en temps de guerre, par l'Angleterre, conformément au droit maritime établi, sont anodines si on les compare aux pratiques barbares de la guerre sous-marine allemande, qui s'attaque non seulement aux marchandises des neutres, mais à leurs vies. Ils savent enfin qu'en temps de paix, depuis un siècle, sous le règne de la maîtrise anglaise, la liberté des mers a toujours été absolue, tandis qu'ils ignorent ce qui resterait, en temps de paix, de la liberté des mers, si l'Allemagne militariste, à la merci d'une imprudence, la confisquait et établissait, selon les principes qu'on lui connaît, sa maîtrise des mers.

L'Allemagne militariste invoque aussi les égards d'humanité qu'on doit a des populations menacées de la faim. Ce n'est point une considération négligeable. Nous ne serions pas des socialistes, nous ne serions pas des hommes si nous y étions insensibles. Nous souhaitons qu'à l'avenir les populations de ces pays ne connaissent jamais plus les problèmes ou les affres de la faim. Mais nous ne saurions consentir, en accordant à leur gouvernement cette sécurité, à multiplier pour l'univers les chances de conflagration guerrière. Nous voulons leur quiétude et le bonheur de tous les peuples Et c'est à ce but que nous tendons quand nous faisons effort pour que soit instituée, en vue de garantir la sécurité et les droits de tous les peuples, la Société des Nations.

C'est elle qui nous fournit la solution, la seule acceptable pour tous, du problème de la liberté des mers. Sous le régime de la Société des Nations, la loi suprême des relations internationales n'est plus la Force, mais le Droit. Les conflits sont tranchés pacifiquement, selon les procédures et selon les règles du droit. La force n'intervient, en cas de besoin, que pour assurer le respect du droit, et il ne s'agit plus alors de la force particulière de tel ou tel Etat personnellement lésé dans ses intérêts ou dans son droit : il s'agit de la force collective de la Société des Nations, faite de l'union et du concert de toutes les forces nationales, forces de terre et forces de mer. Sous ce régime, la maîtrise anglaise des mers a disparu : elle s'est absorbée dans la maîtrise des mers de la Société des Nations. La maîtrise allemande des mers n'est plus à craindre ; car l'hégémonie d'une nation est impossible en face d'une humanité organisée. La sécurité que, dans l'anarchie internationale, la maîtrise anglaise des mers conférait à l'Angleterre, la maîtrise des mers de la Société des Nations la lui confère également. Mieux que cela : elle la lui assure à un plus haut degré encore : car la force organisée du monde est supérieure à la force d'un Etat, si puissant soit-il. L'Angleterre est donc assurée à jamais, sous la seule loi du respect du Droit, de ses communications avec le reste du monde. Et de même l'Allemagne est assurée à jamais, sous cette même loi, de la liberté de ses échanges avec l'univers. Sur ce nouveau terrain, les garanties qui protègent l'une protègent l'autre, comme elles protègent toutes les autres puissances. La possibilité d'un blocus est exclue pour toutes, sous la seule condition du respect du contrat international, autrement dit des lois de la Société des Nations. La Société des Nations, avec l'universalité de ses moyens, crée et garantit à l'universalité des peuples l'universelle liberté des mers.

Ainsi ce problème si grave et qui suffirait, s'il ne comportait que ses solutions nationalistes et particularistes, à prolonger la guerre des peuples jusqu'à l'extermination de l'une des parties, peut être résolu, si l'on fait intervenir la solution internationale, dans la conciliation intégrale de tous les intérêts. Ce point de vue paraît pouvoir être, facilement, le point de vue anglais. Dès le 24 août 1915, sir Edward Grey, alors ministre des Affaires étrangères, déclarait, en réponse à un discours de M. de Bethmann-Hollweg :

La liberté des mers peut être après la guerre un sujet très raisonnable de discussion, de définition et d'accord entre les nations : mais pas tout seul, ni non plus lorsqu'il n'y a ni liberté ni sécurité contre la guerre et les procédés de guerre de l'Allemagne sur terre. S'il doit y avoir des garanties contre les guerres dans l'avenir, que ce soient des garanties égales, étendues, efficaces, liant l'Allemagne aussi bien que les autres nations, y compris la nôtre.

Ces garanties, ce sont celles que fournira un système de droit international armé de sanctions, autrement dit celles qu'apportera au monde la Société des Nations. En elle, en elle seule, est la solution du problème.

Voies de Communication d'intérêt mondial

Dans l'hypothèse d'une crise internationale, les voies de communications internationales commandent tous les problèmes relatifs à la défense nationale. Dans les temps normaux, elles peuvent être d'un intérêt vital pour le développement d'un pays, ou d'un groupe de pays. Ici encore, nous nous trouvons en face des conséquences de l'apparition de l'économie mondiale : tous les peuples savent qu'ils n'ont d'avenir que s'ils possèdent un libre accès à la mer libre, — c'est-à-dire au marché mondial.

Ici encore il n'est de solution acceptable pour tous, satisfaisante pour tous, que dans l'hypothèse et sous la loi de la Société des Nations.

Si, en effet, deux ou plusieurs pays ne peuvent communiquer avec la mer que par une seule voie, la seule solution qui pourra concilier leurs aspirations et leurs besoins sera celle qui leur assurera la jouissance commune, totalement libre, totalement sûre, de cette voie : mais seule la Société des Nations pourra mettre ce régime de droit au bénéfice de garanties décisives. C'est la solution internationale, sous l'égide de la Société des Nations. C'est celle que nous préconisions tout particulièrement en ce qui concerne les détroits, lorsque nous déclarions à notre Congrès de décembre 1916 :

Le Parti socialiste pense que les problèmes des grandes voies de communication maritime doivent être résolus par l'internationalisation, qui établira pour tous, sous la garantie collective de la Société des Nations, le droit légitime de circulation des produits vers la mer libre, tout en rejetant le germe de conflit nouveau que constituerait un privilège de possession exclusif.

Il ne nous reste qu'à généraliser cette formule, à l'étendre aux voies fluviales et aux voies de terre nécessaires au trafic international de deux ou plusieurs pays. Aussi, adhérons-nous pleinement à la déclaration que faisait le 22 janvier 1917, dans son Message de la Paix, le président Wilson lorsqu'il disait :

Dans la mesure des choses praticables, tout grand peuple maintenant en lutte pour le plein développement de ses ressources et de ses facultés devrait être assuré d'un débouché direct sur les grandes routes de la mer. Lorsque ce résultat ne peut être atteint par la cession de territoires, il est hors de doute qu'on peut y parvenir en proclamant neutre le droit de passage sur les voies directes accédant aux mers, droit mis au bénéfice de la garantie générale qui assurera la paix elle-même. *Sous un régime de justes prévenances, aucune nation ne serait dans le cas d'être exclue du libre accès aux larges voies du commerce international.*

Ainsi, deux types de solution sont aux prises ici encore : la solution particulariste et nationale, et la solution internationale sous la garantie de la Société des Nations.

La première dresse les unes en face des autres des prétentions inconciliables, fait de la longue prolongation du drame mondial une nécessité, et porte en elle le germe fatal de rivalités et de guerres futures. La seconde est une solution de paix, dans le présent et dans l'avenir.

Autre aspect, non moins grave, de la question : le système du monopole national livre à celui qui a la force de s'en emparer, avec les territoires, les populations ; au contraire, la solution internationale respecte le droit de ces populations de se rattacher en toute liberté à la nation à laquelle elles veulent appartenir. Les voies de communication sont internationalisées. Les populations gardent ou même reconquièrent leur nationalité. Dans le premier cas, ce sont de nouvelles oppressions, sources de nouveaux conflits. Dans le second cas, le Droit est respecté, ou rétabli, et la paix, renforcée.

Les Relations économiques internationales

Même opposition, même alternative si nous considérons, dans leur ensemble, les relations économiques internationales de l'après-guerre. Si le monde se retrouve dans l'état d'anarchie où il se trouvait en 1914, ou s'il ne renonce à l'anarchie que pour consolider, en état virtuel de guerre, les alliances que la guerre a nouées, la guerre militaire ne s'interrompra que pour faire place à la guerre économique qui, tôt ou tard, la rallumera.

Même si l'on veut envisager l'avenir sous un jour moins sombre, du moment que l'on n'aura pas accompli le pas décisif, que l'on n'aura pas totalement substitué, dans les relations entre peuples, le régime du Droit à celui de la Force, en d'autres termes aussi longtemps que l'on n'aura pas institué et organisé puissamment la Société des Nations, les relations économiques des peuples seront dominées par la prévision et, finalement, par la préparation de la prochaine guerre. Chaque peuple poursuivra, forcément, ces trois objectifs : accroître sa position économique, affaiblir celle de l'adversaire, se rendre, au point de vue économique aussi bien qu'à tous les autres points de vue, entièrement indépendant de lui.

Autre conséquence de ce régime d'insécurité : des heurts pouvant se produire même à l'intérieur d'un même groupe, chaque peuple fera effort pour pouvoir le plus possible, en cas de conflit international, se suffire à lui-même avec le seul concours de son « empire ». Ainsi, les domaines nationaux tendront, de plus en plus, au point de vue économique comme aux autres points de vue, à se fermer les uns aux autres. La division internationale du travail reculera. L'humanité tendra à rétrograder de l'économie mondiale à l'économie nationale, au prix d'une réduction générale de la productivité du travail qui constituera une calamité universelle en un temps où les peuples ploieront sous le faix des charges économiques que la guerre leur aura léguées. Et les causes économiques de conflit qui préexistaient à la guerre actuelle seront renforcées par ce nationalisme économique universel.

Au contraire, l'avènement de la Société des Nations assurera les Progrès de l'économie mondiale et de la division internationale du travail. Certes, si telle ou telle nation, par ses institutions ou par son attitude, inspire aux autres un sentiment de défiance, elles se tiendront, vis-à-vis d'elle, sur la réserve dans leurs relations économiques comme dans leurs relations de tout ordre ; elles s'efforceront de se passer le plus possible de ses services, et feront en sorte de pouvoir, en cas de besoin, grâce à leur entr'aide développée, s'en passer tout à fait : constatation qui signifie simplement qu'une semblable nation se trouvera économiquement en état d'infériorité, et qui nous permet, par suite, de supposer qu'un retour à une politique plus saine ne saurait tarder à s'imposer à elle.

Les relations économiques entre les peuples reprendront d'autant plus librement, dans ce cadre nouveau, qu'elles seront dégagées d'éléments qui les troublent et les vicient aujourd'hui. Le droit international nouveau ne saurait négliger le domaine économique : et il proscrira nécessairement les pratiques qui en faussent le jeu — telles ces méthodes de *dumping*, dont l'Allemagne a fait un système d'expansion économique, et qui, étranglant l'industrie locale par une concurrence factice à vil prix, sèment de toutes parts des ferments de ressentiments économiques générateurs de nationalisme combatif et violent. La Société des Nations aura ses tribunaux de commerce, qui connaîtront des délits contre les bonnes mœurs commerciales entre nations.

Sous le couvert de ces garanties, et de toutes celles que porte en lui le nouveau régime, les Etats pourront se mettre d'accord pour instituer l'égalité de traitement économique des nationaux de tous les pays dans toutes les colonies ne jouissant pas d'un statut d'autonomie. C'est le principe de la porte ouverte, porte ouverte à l'importation des produits, à l'exportation des matières, à l'immigration des hommes et des capitaux, qui aboutit pratiquement à l'internationalisation économique des colonies, fait disparaître des relations entre les Etats modernes le principal élément de compétitions impérialistes, et crée, par suite, des conditions éminemment favorables au maintien de la paix.

La porte ouverte aux colonies devra avoir pour complément les relations économiques les plus libres possibles entre les métropoles. Nous avons pris position à cet égard, très nettement, par la Déclaration de notre groupe parlementaire du 24 juin 1916. Voici ce que nous disions alors, et que nous confirmons pleinement aujourd'hui :

Nous affirmons ici avec tous que les nations alliées ont à prendre toutes les mesures qui développeront leur production et leurs échanges, qui favoriseront l'éclosion et la croissance de leur solidarité économique et les mettront à l'abri d'une concurrence déloyale. Mais notre devoir est de ne pas renforcer un régime de protectionnisme outrancier dont les classes ouvrières de tous les pays feraient les frais ni même de développer, à l'égard de l'Allemagne, un système de restriction vitale économique qui serait à la fois une source certaine de conflits nouveaux et, peut-être, pour notre pays, une raison de paresse industrielle et commerciale.

Nous n'accepterons pas de prolonger en guerre économique les désastres de la guerre européenne.

Tels sont les premiers résultats auxquels, dans l'ordre économique, la Société des Nations acheminera le monde : internationalisation des voies de communication d'intérêt mondial ; assainissement des relations économiques internationales par l'interdiction des pratiques de concurrence déloyale ; proclamation du principe de la porte ouverte dans toutes les colonies non autonomes ; développement le plus large possible de la liberté des échanges entre les nations. Et par là tant d'antagonismes irréductibles s'effaceront, les vieilles compétitions d'impérialisme économique feront place, dans le cadre même de la libre concurrence, à une véritable coopération économique des nations. Le monde, auquel le droit des peuples de disposer librement d'eux-mêmes aura donné son équilibre moral, s'approchera, dans ces conditions nouvelles, du maximum d'équilibre économique compatible avec le système capitaliste. Il atteindra ce maximum lorsque, dans l'atmosphère nouvelle de la Société des Nations, et dans la pratique des règles juridiques, politiques, militaires et morales du nouveau régime, il se préparera à la pratique de la solidarité économique internationale. Faisant alors son profit de tant d'expériences de cette guerre, s'inspirant des initiatives hardies des Etats et des groupes d'Etats dans la réglementation intérieure et extérieure des échanges et même de la production, il prendra les larges mesures d'ensemble qui canaliseront la concurrence capitaliste internationale.

Ainsi, la Société des Nations, organisation juridique du monde commandée par l'avènement de l'économie mondiale, réagira à son tour sur cette dernière, assurera et activera son évolution et fraiera la voie aux transformations décisives par lesquelles le prolétariat instituera internationalement la souveraineté du travail. La Société des Nations sera alors, en même temps que le syndicat de garantie mutuelle des peuples, la grande association coopérative du labeur humain.

L'Application des Principes

Nous avons dit comment nous comprenions le droit des peuples à disposer d'eux-mêmes, appuyé sur la Société des Nations, seule force organisée capable de le sanctionner dans le présent, de le sauvegarder dans l'avenir.

Contre les Annexions

Fidèles à la formule des socialistes alliés à Londres, nous faisons naturellement nôtre le principe de paix mis en avant par les socialistes russes : pas d'annexions.

Le Parti socialiste français répudie donc toute incorporation par la violence d'une nationalité ou fraction de nationalité à l'un quelconque des Etats belligérants. Il veut que soient respectées et l'autonomie des nationalités et l'indépendance nécessaire des nations.

Chaque peuple doit être maintenu dans son unité, et lorsque celle-ci a été brisée par la violence extérieure, c'est le droit imprescriptible pour lui de la reconstituer. Mais l'humanité serait ainsi conduite à une ère de violence ininterrompue, tantôt pour, tantôt contre le droit, si cette reconstitution ne pouvait sortir que de la guerre.

La Consultation des Peuples

Le principe du droit des peuples à disposer d'eux-mêmes serait livré aux hasards de la force. En le proclamant, il faut donc en assurer l'exercice.

Il faut en assurer l'exercice, non pas dans un cas particulier, mais dans tous les cas ; non pas dans le présent seulement, mais aussi dans l'avenir. C'est dire qu'il faut une règle, une procédure normale. La procédure normale, valable pour tous les cas, ne peut être que la consultation. Le droit des peuples à disposer d'eux-mêmes devient ainsi nécessairement, par voie de conséquence, le droit de suffrage des peuples — autrement dit, le droit des peuples à décider de leur nationalité par leur suffrage. Ce droit doit être organisé. Son exercice doit faire l'objet de procédures internationales assurant la liberté et la sincérité du scrutin. A cette fin, la consultation devra être précédée par un ensemble de mesures destinées à éliminer la pression administrative et politique, directe et indirecte, de l'Etat conquérant.

Tous les corps élus (locaux, provinciaux, centraux) seront soumis à la réélection, les élections devant se faire au suffrage universel, égal, direct et secret, et l'éligibilité, ainsi que l'électorat, étant *réservés à la population indigène*.

Tous les postes administratifs devront être de même confiés à des ressortissants de cette population. C'est à la Cour suprême d'arbitrage qu'incombera le soin de veiller à l'exécution de ces mesures. C'est elle aussi qui, *un an au moins après le renouvellement de la vie politique et administrative de la région* sur ces bases, présidera à la consultation.

Les conditions de participation au scrutin seront les mêmes que pour les élections qui auront précédé, sous cette seule réserve que tous les émigrés appartenant à la population indigène y seront admis.

La Cour d'arbitrage de la Société des Nations sera munie des pouvoirs nécessaires pour réprimer sévèrement les tentatives de pression ou de corruption, ainsi que les représailles de tout ordre exercées contre quiconque après le scrutin.

Contre les Contributions

Mais l'autonomie assurée des nations ne comporte aucune subordination ni politique ni économique, et c'est pourquoi, en adoptant la formule : pas d'annexions, qui, en même temps qu'elle interdit des annexions de pays envahis pendant cette guerre, implique la réparation du droit pour les pays opprimés en vertu de la conquête passée, le Parti socialiste français fait sienne aussi la formule : pas de contribution de guerre.

La contribution de guerre, c'est, en effet, la subordination économique, plus ou moins prolongée, établie en vertu du droit du plus fort. Le Parti socialiste la répudie, mais il ne considère pas comme contribution de guerre la juste réparation matérielle des dévastations commises en violation des conventions de la Haye. Il entend que cette réparation incombe à ceux qui ont commis ces dévastations.

Il rappelle, d'ailleurs, que des dispositions de la Haye visant ces dommages ont été introduites sur l'initiative du général von Grunden, premier délégué militaire allemand.

Pour le règlement des autres dommages, il appartiendra à une Commission internationale de les fixer.

Les Cas concrets

En conséquence de ces principes :

I

LES PAYS ENVAHIS doivent être évacués par les occupants, libérés de toute servitude étrangère, restaurés conformément aux dispositions du paragraphe précédent dans leur intégrité territoriale, économique et politique.

II

La Belgique et le Luxembourg, dont la neutralité a été violée, seront, en outre, totalement indemnisés par les auteurs de la violation.

III

Pour la Pologne, le Parti socialiste français se prononce en faveur de la reconstitution d'un Etat polonais indépendant, composé de tous les territoires dont la population aura en majorité déclaré vouloir appartenir à cet Etat.

IV

Le Slesvig septentrional doit être, conformément aux prescriptions — non encore appliquées — du traité de Prague, consulté sur son statut. Le résultat de cette consultation aura force de loi.

V

Doivent être également consultées les populations des territoires italiens d'Autriche, laissés jusqu'ici en dehors de l'Unité italienne. Elles seront unies à l'Etat que cette consultation aura désigné.

VI

Les questions de Lithuanie, de Finlande, d'Arménie, d'Ukraine et de toutes les nationalités d'Autriche et des Balkans doivent être résolues, conformément au même principe du droit des peuples à disposer d'eux-mêmes, soit par la libre constitution d'Etats fédératifs, soit par l'indépendance des groupements intéressés, auxquels seront assurés les moyens de se déterminer librement.

VII

Le traité de paix doit contenir l'obligation, pour les gouvernements qui ne l'ont pas encore fait, de donner à leurs nationaux juifs les mêmes droits qu'aux autres citoyens, et d'assurer aux juifs, partout où ils forment des minorités importantes, les garanties de libre développement de leur culture nationale.

VIII

L'Internationale a toujours condamné la politique coloniale des gouvernements capitalistes. Sans cesser de la condamner, elle est obligée de reconnaître un état de fait dans lequel elle n'a aucune responsabilité.

Le Parti socialiste réclame, pour les indigènes des colonies, une protection de plus en plus efficace contre les excès du colonialisme capitaliste. Il demande l'autonomie administrative pour tous les groupements de population qui ont atteint un certain stade de civilisation, et, pour les autres, leur participation progressive au gouvernement local.

Le Parti socialiste français estime que le retour des colonies à ceux qui les possédaient avant la guerre ou les échanges auxquels il pourrait être procédé ne sauraient être un obstacle à la conclusion de la paix.

IX

L'Alsace-Lorraine

Nul ne pourra s'étonner dans l'Internationale que la question d'Alsace-Lorraine soit considérée par les socialistes français comme une des plus aiguës. Mais le Parti socialiste français tient à dire que ce problème n'est pas, à ses yeux, isolé du problème général de la paix durable

La question d'Alsace-Lorraine n'est pas une

question territoriale. Elle est une question de Droit, et c'est sous cette forme qu'elle se pose devant l'Internationale comme elle se pose devant les belligérants.

Dès son Congrès de décembre 1915, notre parti déclarait sur ce sujet, par 2.759 voix contre 72 et 92 abstentions :

> Pas de paix durable sans que soit rendue aux populations opprimées de l'Europe la libre disposition d'elles-mêmes et sans que soit rétabli entre la France et l'Alsace-Lorraine, au nom d'un droit que le temps n'a pas prescrit, le lien que la brutalité de la Force avait seule tranché en 1871, malgré la protestation socialiste de Bebel et de Liebknecht au sein de la nation allemande elle-même.
>
> Ce droit rétabli, la France saura se montrer prévoyante et juste en demandant à l'Alsace-Lorraine elle-même d'affirmer à nouveau, solennellement, comme le firent ses représentants à l'Assemblée de Bordeaux, sa volonté d'appartenir à la communauté française.

C'est au nom même du principe du droit des peuples à disposer d'eux-mêmes que les socialistes de France affirment, à l'encontre de certains socialistes d'Allemagne, que le problème d'Alsace-Lorraine est ouvert.

La rupture de l'état de paix, la rupture par conséquent du traité de Francfort, brisé par l'Allemagne, puisque c'est elle qui a déclaré la guerre à la France, a naturellement rompu un contrat qui résultait de la force, et que la France n'avait pas cependant essayé de rompre depuis quarante-quatre ans.

C'est légitimement que la France peut dire : rompu le traité de Francfort, rompus les effets.

Mais, de plus, peut-on opposer aux socialistes français que l'Alsace-Lorraine aurait été pour la France un fruit de la conquête, et que l'Allemagne violentée n'a fait que reprendre légitimement son bien en 1871 et peut donc le conserver après 1914 ?

C'est une adhésion volontaire de l'Alsace et de

la Lorraine qui, sous la Révolution, en 1790, faisait participer les deux provinces à l'Acte constitutionnel de la Fédération et les attachait à la France.

En 1871, tous les députés des deux provinces à l'Assemblée Nationale signent, au nom des populations qu'ils représentent, la protestation de Bordeaux.

Jusqu'au 1er septembre 1872, 619.000 Alsaciens-Lorrains sur une population totale de deux millions environ optent pour la France, donnant la preuve de la protestation la plus démonstrative contre l'annexion violente.

De 1881 à 1914, 421.000 autres Alsaciens-Lorrains ont encore quitté leur pays d'origine pour venir s'établir en France.

Faut-il rappeler les élections de 1874, 1881, 1884, 1887, où la population élit, sur 15 députés, 15 protestataires ? Si, depuis cette époque, le mouvement protestataire cessa sous sa forme initiale, et prit la forme de la revendication autonomiste, ce ne fut jamais parce que les Alsaciens et les Lorrains avaient changé de sentiment, mais parce que, soucieux avant tout de la paix, ils avaient compris que, la démocratie française ayant le devoir de poursuivre une politique pacifique, ils ne voulaient pas devenir la cause d'une guerre.

Ainsi, c'est bien la volonté des habitants de l'Alsace et de la Lorraine qui, sous des formes collectives ou personnelles, s'est exprimée à plusieurs reprises et avec une force souveraine depuis la Révolution française.

Cette volonté était, en 1871, violée avec une telle évidence qu'en Allemagne même la protestation se faisait entendre, par la bouche des socialistes allemands Bebel et Liebknecht, payant de leur liberté leur courageuse intervention.

Dans un manifeste, l'*Internationale* joignait sa voix à la leur.

C'est en vain qu'on invoquerait les résolutions

prises en commun par les socialistes français et allemands, à Bâle, en 1912, à Berne, en 1913, pour prétendre que la volonté des Alsaciens-Lorrains, sur laquelle s'appuie le droit de la France, a jamais cessé de s'affirmer.

Ces résolutions étaient liées au maintien de la paix, comme y était liée la résolution que les socialistes alsaciens faisaient adopter au Congrès social-démocrate d'Iéna en 1913, résolution qui réclamait pour l'Alsace-Lorraine l'*entière autonomie républicaine*, résolution qui était confirmée à l'unanimité, le 5 juillet 1914, par le Congrès socialiste alsacien-lorrain tenu à Strasbourg.

Le droit imprescriptible n'en reste pas moins établi, et lorsque la France demande hautement devant le monde que son unité nationale soit restituée dans son intégrité, elle ne saurait être accusée de vouloir une annexion, puisqu'elle invoque, non pas un droit historique ou dynastique de conquête, mais la volonté plusieurs fois exprimée des Alsaciens-Lorrains.

Les traités qui suivront la guerre, en rappelant la violation du droit des peuples accomplie en 1871, déclareront que c'est la brutalité de la force qui a seule tranché le lien entre l'Alsace-Lorraine et la France.

Mais, de même que les socialistes alsaciens-lorrains, avant la guerre, faisaient à la paix le sacrifice du rattachement à la France, pour une autonomie républicaine au sein de l'empire allemand, parce qu'ils ne voulaient pas acheter leur liberté au prix d'une guerre européenne et de milliers de cadavres, de même aujourd'hui les socialistes français sont décidés à demander à la France de renoncer à se réclamer exclusivement d'un droit cependant incontestable et évident, afin de consacrer par un exemple illustre cette procédure de consultation des populations qui peut seule, acceptée comme une règle d'application universelle, épargner au monde des calamités sans fin.

Les socialistes français veulent écarter à jamais de l'humanité civilisée le retour des massacres qui ensanglantent le monde.

Ils veulent que la Société des Nations succède, triomphante et universellement reconnue comme force du Droit, à l'état d'anarchie et de rivalité internationales qui a causé la guerre.

Ils veulent que la paix de l'avenir ne puisse recéler aucun germe de doute, aucun ferment malsain de revanche et de brutalité nouvelle.

Ils veulent que soit appliqué à l'ensemble des problèmes nationaux le principe posé par la Révolution française et vivifié par la Révolution russe du droit des peuples à disposer librement d'eux-mêmes.

Pour ces raisons, ils demanderont à la France, à la France de la démocratie et de la liberté, à la France généreuse et sûre de son droit, de donner son adhésion à une consultation nouvelle des populations alsacienne et lorraine.

Au bas du traité de paix, il y aura la signature de toutes les nations du monde. Ce traité sera garanti par la Société des Nations. C'est à la Société des Nations que nous demandons à la France de se confier, pour que soit organisée par elle, avec la sincérité de scrutin qu'il convient d'établir, la consultation qui fixera à jamais dans le Droit le destin des Alsaciens-Lorrains, et qui écartera définitivement de la vie de l'Europe un débat qui a lourdement pesé sur elle.

Le Moment de la Paix

La délégation hollando-scandinave demande aux partis socialistes dans quelle mesure les questions posées par elle devant eux devront être traitées aux négociations de paix, et la fraction majoritaire allemande a ajouté au questionnaire la demande que les partis socialistes fassent connaître leurs efforts pour la paix. C'est le problème du moment de la paix qui est par là posé.

Une réponse nette est ici nécessaire.

Nous voulons tous, et l'Internationale doit vouloir, la paix la plus prochaine possible. Les partis socialistes y doivent pousser énergiquement. Mais cette paix doit comporter la reconnaissance de part et d'autre et l'application des principes généraux de paix durable que le socialisme s'efforce de définir.

La paix doit enregistrer les principes de la Société des Nations. Il y a identité entre les conditions de paix et les conditions du statut international de demain. Les problèmes particuliers posés par la guerre ne peuvent être résolus que suivant les principes généraux du droit. C'est ainsi seulement que « la guerre pourra être éliminée des crimes humains ».

Les principes sur lesquels doit reposer la Société des Nations sont ceux par lesquels devront être solutionnées les questions territoriales que la guerre a réveillées.

Il n'est donc pas besoin pour les socialistes de rechercher ni quelle est la carte de guerre, ni si les opérations militaires permettent ou non de traiter plus ou moins favorablement. *La paix sera* quand les gouvernements auront déclaré nettement, sans ambiguïté, qu'ils acceptent le principe du droit des peuples à disposer d'eux-mêmes, avec les conséquences et les applications pratiques qu'il comporte : consultation des peuples, garantie de la Société des Nations pour l'état de fait créé par le traité de paix générale et pour les résultats acquis par cette consultation des peuples.

Nous ne croyons pas qu'en dehors de cette paix-là un arrêt de la guerre puisse se produire rapidement.

Ou la volonté de leurs peuples s'exercera énergiquement sur les gouvernements réfractaires pour les obliger à accepter une telle paix, ou c'est alors la force des armes qui restera le seul moyen de décision, et qui pourra dès lors mesurer à l'avance la durée prolongée du fléau sous lequel agonise l'humanité ?

Le Concours des Socialistes à la Guerre

C'est pour cette paix-là que le Parti socialiste français, comme en font foi tous les documents remis au Bureau socialiste international, n'a pas cessé de parler et d'agir.

Il veut au surplus répéter cette observation qu'il n'a donné son concours à la guerre que parce que celle-ci était, pour lui, défensive. Pour des socialistes, l'obligation de défense nationale ne résulte pas du seul fait que *le gouvernement* sous lequel vit un peuple s'est déclaré en guerre. Jaurès, dans l'*Armée Nouvelle*, a défini cette idée en termes nobles et précis.

La patrie, en absorbant ou plutôt en exaltant les égoïsmes individuels en un grand égoïsme collectif, couvre trop souvent les convoitises les plus brutales d'un semblant de générosité. Les hommes peuvent avoir l'illusion qu'ils servent la justice quand ils se dévouent pour les intérêts, même injustes, d'une force où ils sont compris, mais qui leur est infiniment supérieure. *De là les entraînements aveugles et les maximes brutales. De là l'adhésion donnée même par de hauts esprits à la détestable formule : qu'il ait tort ou raison, c'est mon pays.*

A mesure que les hommes progressent et s'éclairent, la nécessité apparaît d'arracher chaque patrie aux classes et aux castes, pour en faire vraiment, par la souveraineté du travail, la chose de tous. La nécessité apparaît aussi d'abolir dans l'ordre international l'état de nature, de soumettre les nations, dans leurs rapports réciproques, à des règles de droit sanctionnées par le consentement actif de tous les peuples civilisés.

De même, le problème avait été posé avec vigueur par Bebel au Congrès d'Essen en 1907 sous cette forme :

— Mais comment distinguer une guerre défensive et une guerre offensive ? Vraiment, il serait triste qu'aujourd'hui, quand une grande partie du peuple s'intéresse chaque jour à la politique beaucoup plus qu'autrefois, nous soyons incapables de discerner s'il s'agit ou non d'une guerre défensive. Une mystification de cette sorte était possible encore en 1870. Mais nous sûmes pourtant alors, au Parlement, que c'est Bismarck, comme l'ont montré depuis les révélations sur la falsification de la dépêche d'Ems, qui avait obligé Napoléon à la guerre. Alors, il est vrai, notre attitude, à Liebknecht et à moi, ne fut pas approuvée même dans notre parti, car le Comité de Brunschwig prit position contre Liebknecht et contre moi. On pourrait discuter pour savoir si, dans une portion plus ou moins grande du Parti, en un cas pareil, des malentendus pareils ne se produiraient pas. En tout cas, il serait bien triste que des hommes qui ont fait, pour ainsi dire, de la politique leur profession, fussent incapables de savoir s'il s'agit d'une guerre offensive ou d'une guerre défensive.

Jaurès, commentant, dans l'*Humanité* du 28 septembre 1907, ces paroles et celles d'autres socialistes allemands au même Congrès, écrivait de son côté :

Et le revisionniste modéré David, tout en défendant Noske, précisait : « Bien entendu, quand nous parlons d'une guerre où l'Allemagne serait attaquée, il ne suffit pas que la bourgeoisie dise : Nous sommes attaqués. Il faut que *nous-mêmes* nous soyons convaincus que nous sommes attaqués en effet et sans motif sérieux. »

J'ose dire que tout est là : c'est, si modérée que soit la forme, l'affirmation révolutionnaire. Du moment que le prolétariat ne s'en remet pas, à l'heure de la crise, aux gérants officiels de la patrie, *du moment qu'il affirme son droit et son devoir de juger lui-même la guerre et de subordonner son concours à ce jugement*, il est à l'égard de la patrie officielle à l'état de révolution. Quand ce principe sera entré partout dans la conscience ouvrière, la logique des événements fera le reste, en Allemagne comme en France.

Déterminer quels étaient les gouvernements responsables de la guerre, les punir en les éliminant de la direction des peuples, c'était là la vraie manière de servir la paix, et c'est pourquoi aujourd'hui encore le moment de la paix dépend pour une grande part de la position prise par les socialistes allemands.

Au moment de la mobilisation, les socialistes de France obtenaient la double assurance, réalisée dans les faits, que toutes mesures seraient prises pour éviter les incidents provocateurs à la frontière et que la déclaration de guerre ne serait pas le fait de la France.

Les socialistes allemands, qui n'avaient pas lutté assez énergiquement avant la guerre pour faire de l'Allemagne un pays de responsabilité parlementaire et pour l'arracher à l'autocratie, se sont trouvés sans force politique réelle à l'heure du « Kriegsgefahrzustand » pour exiger et obtenir de leur gouvernement qu'il ne déclarât pas la guerre à la France. Seule, une résistance révolutionnaire du peuple allemand au gouvernement impérial aurait évité la catastrophe.

Plus tard, pour expliquer leur vote des crédits, les socialistes allemands ont invoqué la menace russe. Ils ont pu la redouter de bonne foi, puisque leur gouvernement les trompait. Mais la violation de la neutralité belge devait le 4 août leur ouvrir les yeux ; mais la connaissance ultérieure des événements, qui a éclairé au bout de peu de temps les minoritaires allemands, de Liebknecht à Bernstein n'aurait-elle pas dû conduire le socialisme allemand tout entier à rompre la complicité qui le liait au crime de juillet 1914 ? L'établissement rapide des responsabilités impériales austro-allemandes aurait créé une atmosphère qui aurait permis de parler de paix.

Enfin, si maintenant encore, s'appuyant sur cette politique des responsabilités, la social-démocratie donnait à l'Allemagne les institutions démocratiques qui lui manquent, et qui la feraient entrer loyalement dans la Société des Nations avec la volonté de la paix durable, elle avancerait l'heure de cette Société des Nations et par conséquent de la paix.

Le Signal de la Paix

C'est là qu'est la véritable action pour la paix et non point seulement dans les paroles ou les manifestes sans effet.

Que l'Allemagne, abattant la domination de ses maîtres et châtiant leur crime, entre en démocratie, donnant ainsi le gage d'une bonne foi que ne peut plus représenter le gouvernement impérial, et de même que Marx en 1871 criait au gouvernement impérial d'alors : « Ne tuez pas dans l'œuf le développement de la République française! » les socialistes du monde entier auront le devoir d'agir pour que les gouvernements alliés n'écrasent pas en Allemagne la démocratie naissante, et permettent au peuple allemand libéré de retrouver un équilibre que la folie militariste inoculée lui a fait perdre.

Les volontés de la Russie révolutionnaire ne peuvent être douteuses à cet égard. Le Parti socialiste français s'y associe. Les gouvernements alliés eux-mêmes, par leurs chefs actuels, M. Lloyd George, M. Ribot, M. Wilson, ont, sur ce point, sinon pris des engagements, du moins défini des intentions.

Le Parti socialiste français se porte garant des actes qu'il accomplirait si ces intentions n'étaient pas suivies d'effet.

Aussi bien le Parti socialiste français manifeste ainsi son accord de principe avec le Parti socialiste indépendant d'Allemagne qui, par la voie de Haase, de Ledebour, de Bernstein, de Cohn, a proclamé à la tribune du Reichstag la nécessité de la République sociale en Allemagne.

Cette proclamation de la République en Allemagne serait le signal de la paix.

Mais tant que ce grand événement ne se produira pas, réalisant entre les peuples les conditions d'action et d'égalité démocratiques qui donneront la seule garantie véritable de la paix, peut-on supposer que celle-ci sera facile ? Comment les gouvernements impériaux pourraient-ils accepter les bases d'une paix juste, qui serait leur condamnation morale et celle de leurs méthodes ? Ils savent trop qu'éclateraient en effet, aux yeux de leurs peuples, à la fois l'immensité et l'inutilité de la catastrophe déchaînée en 1914. Précisément parce que leur responsabilité est terrible, ils sont obligés de jouer leur va-tout sur la force des armes allemandes.

Et c'est là ce qui fait le tragique dilemme où sont placés les socialistes allemands, et que nous venons de définir.

L'Action des Neutres

Mais ce ne sont pas seulement les socialistes des pays belligérants auxquels le problème de la durée de la guerre crée des devoirs.

Nous avons prouvé que la paix, pour n'être pas une paix d'extermination, grosse de guerres futures, ne peut être que la paix du Droit, et la paix garante du Droit, — donc la paix de la Société des Nations.

Toutes les nations seront donc, nécessairement, appelées à y participer, les nations neutres comme les nations belligérantes.

Toutes les nations seront appelées à prendre part à cette conférence révolutionnaire de la Paix qui sera la Constituante de la Société des Nations.

C'est elle qui proclamera les droits et les devoirs des nations. C'est elle qui arrachera définitivement l'humanité à la barbarie du militarisme, et fondera sur le plus solennel des engagements le règne du Droit. C'est elle qui liera les peuples les uns aux autres dans le respect mutuel de leurs droits et de leurs libertés.

Oui, il faut que les peuples neutres comme les peuples belligérants soient appelés à mettre leur signature au bas du contrat international qui organisera l'humanité. A cette condition seulement l'ordre nouveau atteindra d'emblée à cette puissance matérielle et à cette autorité morale qui défieront à jamais toute tentative d'hégémonie et d'impérialisme.

Mais il faut parler clair. Il faut, pour que ce but soit véritablement atteint, que les neutres sachent bien qu'en entrant dans la Société des Nations, en même temps qu'ils acquièrent le bénéfice de tous les droits qu'elle confère, ils acceptent le devoir de solidarité totale qu'elle impose. *Un pour tous ! Tous pour un !*

La violation de la neutralité belge a en fait supprimé par la violence la notion de neutralité. La Société des Nations la rendra inutile par le Droit.

Mais si un jour, malgré la constitution de l'alliance défensive universelle des peuples, il devait advenir que quelque Etat de rapine, foulant aux pieds toutes les procédures du Droit, se livrât à une agression sur un autre Etat, il n'y aurait plus, ce jour-là, que le devoir strict de tous les peuples de faire front simultanément, avec la totalité de leurs moyens, contre l'Etat bandit, et quiconque ne s'associerait pas à cette répression nécessaire deviendrait par là même à son tour l'ennemi du genre humain.

La Ratification des Parlements

Aussi, pour qu'aucun doute ne subsiste, pour que le devoir soit éclatant, pour que les engagements pris lient les peuples de la façon la plus étroite et la plus sûre, nous demandons que ces engagements soient obligatoirement soumis non seulement à la ratification des Parlements, mais encore à celle des peuples, directement consultés par la voie du referendum, et que la ratification d'un peuple — qui aura pour conséquence son entrée dans la Société des Nations — ne soit considérée comme acquise que si elle est consacrée, en même temps que par le suffrage des trois quarts au moins des membres de son Parlement, par celui des trois quarts au moins, nous ne disons pas seulement des citoyens participants au vote, mais même des électeurs inscrits.

Ainsi la Société des Nations saura sur quelles forces elle peut compter. Et ainsi, par contrecoup, chaque nation saura qu'elle peut compter sur la Société des Nations.

Donc, participation des neutres à la paix, et participation des Parlements, et participation des peuples.

Et parce que cette triple participation nous apparaît comme une condition *sine qua non* de la paix organisée, nous demandons que, dès aujourd'hui, dans tous les pays, les sections socialistes, et qu'à travers le monde, pour coordonner et intensifier leur action, l'Internationale fassent un immense effort pour déterminer l'adhésion de tous les Parlements, de tous les gouvernements, de tous les Etats au principe et aux nécessités organiques de la Société des Nations

C'est par leur participation immédiate et ardente à cet effort que les socialistes des pays neutres, et, sous leur pression, les Etats neutres peuvent contribuer puissamment à hâter l'heure de la paix.

Supposons que demain la grande majorité des pays neutres — et, parmi eux, tous les pays neutres d'Europe — se déclarent prêts à adhérer, sans réserve, sans arrière-pensée, à la Société des Nations : l'avènement du régime nouveau, condition préliminaire de la paix, se trouverait aussitôt considérablement rapproché, d'autant plus rapproché que ce mouvement d'adhésion se développerait plus largement parmi les nations belligérantes.

La Tâche de l'Internationale

Ainsi se précise la grande tâche, urgente et impérieuse, de l'Internationale.

Toutes les sections socialistes du monde sont-elles résolues à prouver, par des déclarations catégoriques, d'abord, ensuite par des actes, leur fidélité aux principes essentiels et traditionnels de l'Internationale que nous rappelons ici ? Sont-elles résolues à faire tous les efforts en leur pouvoir pour exercer sur l'opinion publique de leurs pays respectifs une action décisive et pour obtenir des déclarations et des engagements formels de leurs gouvernements en ce sens ? Le devoir socialiste ne permet ici ni hésitation ni équivoque. La conférence socialiste internationale devra obtenir de toutes les sections nationales, sur ce point, des déclarations précises. A cette condition seulement, l'Internationale, en faisant apparaître, vivantes, vivaces, les conditions de la paix humaine, pourra non seulement peser sur les conditions de la paix, mais hâter l'heure de la paix.

A cette condition seulement même, l'Internationale restera dans le monde une grande force de justice et d'espérance.

La Section française est heureuse de pouvoir constater que, comme suite à une campagne ininterrompue menée par elle depuis deux ans, elle a obtenu, le 4 juin dernier, l'adhésion unanime de la Chambre française et du gouvernement français à « l'organisation, dès maintenant préparée, de la Société des Nations ». Il reste encore de grands efforts à accomplir pour faire passer les ordres du jour dans les actes et pour donner à ceux-ci toute la précision indispensable.

Ces efforts, la Section française n'attendra pas la pression de l'*Internationale* pour les accomplir.

L'Attitude à Stockholm

Précisément parce qu'elle a agi dans ce sens, elle se croit autorisée à réclamer de la conférence internationale une attitude et des résolutions nettes.

Le Parti socialiste français ne vient pas à Stockholm pour chercher une paix de compromis qui laisserait le sort des peuples en suspens, à la merci de nouvelles guerres. Il y vient pour dire que le respect du droit des peuples, le respect des traités, l'engagement de soumettre dorénavant tous les conflits possibles à la justice des nations, peuvent seuls constituer la paix acceptable.

Il y vient pour demander aux socialistes, à tous les socialistes, s'ils condamnent les gouvernements responsables des violations commises à l'origine de la guerre, et si ayant prononcé ces condamnations, les socialistes — tous les socialistes — agiront contre ces gouvernements pour abréger la guerre en sauvant l'honneur et la vie des peuples.

Il y vient pour demander que les gouvernements qui s'y refusent encore soient obligés, par l'action socialiste, à faire connaître leurs buts de guerre, à faire savoir s'ils sont prêts aux restaurations que comporte le droit des peuples, et à déclarer publiquement s'ils entendent toujours s'armer de la carte de guerre pour aboutir à la paix.

Il y vient pour demander si les socialistes qui persisteront à donner leur aide morale et matérielle aux gouvernements coupables pourront rester encore membres de l'Internationale, et si l'Internationale ne reconnaîtra pas comme siens ceux-là seuls qui, dénonçant les responsabilités, montrent par là qu'ils sont résolus à accomplir les actes qui donneront force et vie à l'Internationale, en même temps qu'ils achemineront les peuples vers la paix bienfaisante.

Conditions de Réunion

a, b, c) Le Parti socialiste français, comme il l'a déclaré dès qu'il s'est trouvé en présence de l'initiative des socialistes russes, est prêt à participer à toute conférence internationale convoquée régulièrement.

1) On demande si cette acceptation est « sans conditions ». Mais qui a jamais accepté de se rendre à une entrevue quelconque sans conditions ? Il arrive seulement que, dans des cas déterminés, il est inutile de poser expressément ces conditions parce qu'au préalable on les sait remplies.

Nul n'acceptera jamais une entrevue quelconque s'il ne sait :

1° Avec qui il doit se rencontrer ;

2° Quel est le but de la réunion ;

3° Si elle peut être efficace.

C'est de ces observations toutes simples que s'inspire la Section française de l'Internationale ouvrière pour déclarer qu'une conférence internationale ou une réunion du B. S. I. doit, pour être susceptible de donner des résultats, répondre aux conditions suivantes :

A. — Conditions de convocation

1° La réunion, quelle que soit la section qui en ait pris l'initiative, doit être convoquée d'accord avec les représentants de la Commission exécutive permanente du B. S. I.

2° Elle doit comprendre des délégués dûment mandatés par les partis régulièrement affiliés à l'Internationale et par les organisations ayant droit à représentation dans les Congrès internationaux suivant les règles établies par ces mêmes Congrès.

Il est évident que toute garantie serait annulée si d'autres organisations pouvaient y être appelées ou s'y rendre

3° La façon dont les votes seront émis doit être celle qui a été fixée pour les séances du B. S. I. ou, sinon, avoir été établie à l'avance.

4° Les délégués qui y prendront part doivent être munis de mandats vérifiables.

B. — Conditions de fonctionnement

Comment pourrait-on espérer quoi que ce soit d'une réunion dont on ne connaîtrait point d'avance le but défini ?

La première condition pour que la réunion ait une portée véritable, c'est que les délégués soient porteurs des mandats qui leur ont été confiés par leurs commettants, c'est-à-dire par leurs sections respectives

Pour cela, il faut absolument :

a) Que l'ordre du jour ait été fixé préalablement par un accord entre les diverses sections ;

b) Qu'il ait été connu et discuté par les sections respectives des délégués, à qui mandat aura été donné dans un sens déterminé. Quelle serait l'autorité de délégués désignés par eux-mêmes et responsables devant eux seuls de la manière dont ils auront exécuté leur mandat ?

Cela posé, le Parti socialiste français est convaincu que l'ordre du jour de toute conférence en ce moment doit porter sur l'attitude de l'Internationale dans la guerre actuelle.

Cet examen comporte évidemment l'étude des actions entreprises par chacune des sections de l'Internationale en vue de la terminaison de cette guerre.

C. — **Conditions d'efficacité**

Cette étude, à son tour, ne saurait mener à aucun résultat si l'on n'est pas, au préalable, d'accord sur le problème qui est posé par la guerre à l'Internationale ouvrière.

Il ne s'agit pas d'instituer un arbitrage entre des sections de l'Internationale par d'autres sections désintéressées. Une convulsion mondiale telle que la guerre qui se déroule en ce moment intéresse tous les prolétariats au même titre. Il s'agit de savoir quelle position ils prennent.

La guerre les met tous en présence de cette question redoutable : Quel sera l'état du monde et quelles seront, par conséquent, les perspectives de progrès de la classe ouvrière vers sa libération dans tous les pays, selon que cette guerre se terminera par la défaite du militarisme sous sa forme la plus perfectionnée, celle qui s'est développée dans l'Allemagne impériale et a exploité, pour sa tentative d'hégémonie mondiale, tous les éléments d'impérialisme existant dans la société capitaliste et qu'entretient son fonctionnement même — ou par sa victoire ?

La classe ouvrière du monde ne peut avoir qu'un ennemi commun à combattre. Quel est-il ?

Il va de soi que toutes discussions et tous efforts en vue d'une action commune seraient, par avance, frappés de stérilité, s'il n'y avait, dès le début, un principe commun indiquant dans quel sens les efforts doivent être unanimement tournés.

Il est donc nécessaire, pour que la réunion internationale puisse produire des effets utiles, qu'au préalable toutes les sections se soient déclarées en accord sur le principe suivant :

En cas d'agression belliqueuse de la part d'une ou de plusieurs puissances, le prolétariat de la nation ou des nations attaquées a droit à l'aide de tous les prolétariats de toutes les nations, belligérantes ou non, aide qui peut aller, suivant les possibilités et les circonstances imposées dans chaque pays, depuis la simple protestation jusqu'à l'intervention armée contre les puissances perturbatrices de la paix.

Les sections de l'Internationale qui auront préalablement reconnu la nécessité de cette union contre l'ennemi commun pourront efficacement délibérer sur l'action à mener en vue de la terminaison de la guerre et en vue de la paix durable à établir, conformément aux réponses données aux parties précédentes de ce questionnaire.

En dehors de cet accord préalable, une réunion quelconque ne pourrait amener que des conversations sans résultats ou, ce qui serait pire, des oppositions risquant de rompre davantage l'unité menacée de l'Internationale.

c) De ce qui précède, il se déduit naturellement que les fractions de partis actuellement divisés, qui étaient affiliés avec l'ensemble de leur section au B S. I. avant la déclaration de guerre, ont *toutes* et ont *seules* droit à être représentées et à participer à une conférence internationale.

Cette réponse au questionnaire Hollando-Scandinave a été adoptée par 39 membres sur 52 de la Commission du questionnaire, les citoyens

Albert THOMAS, BEUCHARD, BRACKE, CAMÉLINAT, DORMOY, DUBREUILH, GÉRARD, GIVORT, GRANVALLET, HÉLIÉS, LÉVY, LONGUET, MISTRAL, PAUL-LOUIS, POISSON, P. RENAUDEL, SEMBAT, SELLIER, BRAEMER, LEBAS, SÉVERAC, FIANCETTE, MORIZET, MAURANGES, UHRY, AUBRIOT, LEVASSEUR, BEDOUCE, AURIOL, ELLEN-PRÉVOT, THÉO-BRETIN, CACHIN, MOUTET, A. VARENNE, Edgard MILHAULD, VALIÈRE, SIXTE-QUENIN, HAMON, VOILLOT.

DOCUMENTS ANNEXES

I

LETTRES ADRESSÉES

PAR LE

GROUPE SOCIALISTE

AUX

PRÉSIDENTS DU CONSEIL

(1915=1916=1917)

AVERTISSEMENT

Le Groupe socialiste a décidé la publication de plusieurs documents destinés à éclairer l'opinion publique sur son action depuis juillet 1914.

Ces documents sont des lettres — il y en a six — qui ont été écrites et remises aux divers présidents du conseil qui se sont succédés pendant les trois premières années de la guerre.

L'origine de ces lettres se trouve dans la difficulté qu'on éprouva pour exposer devant le Parlement, réduit au travail des commissions, les réflexions que pouvaient inspirer des circonstances, dont quelques-unes furent graves, à un grand parti comme le nôtre, préoccupé des destins de la nation et des intérêts généraux de l'humanité. La première en date de ces lettres fut écrite avant que la pratique des comités secrets se fût introduite dans notre régime parlementaire, et en vue d'obtenir un contrôle parlementaire sérieux. Il n'y avait malheureusement que trop de raisons d'obtenir l'une et l'autre chose. Ce ne fut pas sans résistance des gouvernements ou des Chambres. Il suffira de se reporter à des dates pour s'en rendre compte.

Si le groupe publie ces lettres, c'est qu'il tient à montrer qu'appliquant aux événements une prévoyance dont on pourra le louer, il n'a cessé de proposer des solutions dont la réalisation, encore aujourd'hui, ne paraîtrait pas déplacée.

PREMIÈRE LETTRE

ADRESSÉE A

M. VIVIANI, Président du Conseil,

le 11 juin 1915

Cette première lettre du Groupe socialiste fut adressée au gouvernement Viviani. Depuis le début de la guerre, le Parti socialiste avait rempli silencieusement son devoir national. Il avait accepté sa part de responsabilité dans le gouvernement. Mais il sentait tout le poids accumulé des routines qui continuait de peser sur la direction de la guerre. Aux socialistes, comme au Parlement, il apparaissait que la victoire échapperait aux alliés si un redressement sérieux n'était pas fait.

En prenant acte du passé, le Groupe socialiste envisageait l'avenir. Il posait avec force l'idée du contrôle parlementaire qui devait permettre aux commissions d'entrer plus complètement dans l'examen des nécessités de la guerre.

Datée du 11 juin 1915, elle était dictée par un certain nombre de fautes qui s'étaient traduites déjà par des pertes graves sur les champs de bataille.

Paris, le 11 Juin 1915.

A Monsieur le Président du Conseil
les Membres du Groupe Socialiste au Parlement

Monsieur le Président du Conseil,

Le 4 août 1914, la République Française qui avait, dans les journées précédentes, ainsi que ses alliés, proposé de soumettre à l'arbitrage toutes les causes du conflit imminent ; qui avait pris toutes ses dispositions pour qu'aucune provocation ne vînt d'elle ; dont le Gouvernement avait manifesté sa résolution de ne pas déclarer la guerre, mais de la subir sans défaillance si elle lui était imposée ; qui proclamait enfin que si elle exigerait le retour de l'Alsace-Lorraine, amenée à reprendre librement sa place dans la communauté française, elle ne ferait pas la guerre pour de nouveaux territoires, la République Française, forte de son droit, a pu appeler à elle, à la défense du pays attaqué, et bientôt envahi, toutes les énergies de la Nation.

Le Parti Socialiste, décidé à servir la cause de la Paix du monde en défendant la démocratie pacifique contre l'impérialisme d'agression, a fait tout son devoir. Il n'a pas hésité même à prendre, dans l'organisation de la Défense Nationale, des responsabilités directes.

Il n'ignorait cependant pas que, pour avoir refusé en temps de paix d'organiser militairement la France suivant un régime de nation armée et de milices prévoyant l'emploi méthodique de tous les hommes valides, la préparation scientifique de la guerre, la construction de forteresses sur la frontière du Nord (1), on avait en réalité diminué la force défensive du pays.

Lenteur de mobilisation, puis engorgement des dépôts par les hommes inutilisés, insuffisance d'équipements, de fusils, puis bientôt de munitions, impossibilité d'organiser une armée de seconde ligne, voilà quelques-unes des conséquences immédiates les plus frappantes d'un tel état de choses.

Dans le cadre même de sa préparation, la mobilisation présentait de graves lacunes : fermeture des usines de munitions et d'explosifs, des laboratoires de recherches, envoi sur le front des éléments ouvriers les plus indispensables à la production de guerre, organisation la plus défectueuse du service de santé, etc. On a trop constaté les effets de l'imprévision pour avoir besoin d'insister.

Depuis, l'âpreté prolongée de l'effort guerrier a sans doute suscité une action considérable, mais qui n'a pas réparé pleinement les périlleuses insuffisances du début.

Il n'y a pas eu seulement faute de circonstances. Il y a eu aussi — nous le croyons et voulons le dire —, faiblesse des hommes.

On a pu constater de graves erreurs du Commandement. Certaines ont été suivies de sanctions. Elles ne l'ont pas été toutes.

---

1 Lire à cet égard le *Discours de Jean Jaurès sur la loi de trois ans*.

Et peut-être faut-il le dire, dans les services d'arrière les défaillances ne semblent pas avoir été mises hors d'état de nuire.

Le Gouvernement lui-même ne paraît pas toujours avoir montré, ni assez tôt, ni assez fortement, sa volonté d'agir. Il a trop hésité, trop tergiversé. Il n'a pas toujours été renseigné exactement et n'a pas assez exigé de l'être dès le début. Il a trop abandonné ses prérogatives, il a même laissé péricliter celles du Parlement.

Après 10 mois, pour toutes ces causes, les unes inévitables, les autres réparables, et malgré la victoire qui, sur la Marne, a arrêté les armées ennemies dans leur marche vers le cœur de la France, le Gouvernement de la République se trouve devant des difficultés renouvelées.

Le service de santé mérite encore de graves reproches.

Les munitions restent trop parcimonieuses, les armements, canons ou fusils, ne sont même pas remplacés à mesure qu'ils s'usent ou disparaissent.

Cependant, les conditions nouvelles de la guerre, les événements militaires, témoignent que, là, se trouve la source de la victoire ou de la défaite.

Le groupe socialiste ne peut pas douter que l'adversaire soit fort, organisé avec méthode. C'est seulement par le jeu d'une presse imaginant naïvement que l'élan de la France sera soutenu par des polémiques artificiellement optimistes qu'on peut nous parler de prendre l'ennemi par la famine, nous dire qu'il sera réduit avant nous et dans un bref délai à une disette de munitions, que sa force de résistance se brisera vite devant le cercle lointain qui se forme autour de lui.

Après trois mois, l'opération des Dardanelles reste d'une efficacité douteuse.

Le front russe ne nous a pas jusqu'ici réservé de succès bien décisifs.

Nous sommes nous-mêmes arrêtés depuis huit mois à la ligne de défense que nous a donnée la bataille de la Marne.

Cependant, même si, comme il est légitime de le penser, les forces alliées, anciennes ou nouvelles, en étendant leurs fronts obligent l'adversaire à une dispersion qui desserrera son étreinte sur la ligne franco-belge, il n'en reste pas moins que l'évacuation de nos deux pays envahis, c'est-à-dire le recul des armées allemandes, est le but indispensable le plus prochain à atteindre pour la conclusion de la paix.

Comment ?

Quand ?

Deux questions qu'aucun homme, qu'aucun parti clairvoyant ne peuvent éviter de poser.

Comment ? Grâce à un accroissement de nos munitions et de nos armements, grâce à l'accroissement du nombre des hommes concourant effectivement au combat, grâce à l'organisation de mouvements hardis mais soigneusement étudiés, constituant autre chose que des entreprises locales où s'engloutit parfois le meilleur des forces opposées à l'ennemi, et dont le succès sans lendemain aboutit à démoraliser des troupes qui perçoivent l'inutilité de leur sacrifice.

Quand ? Nul ne peut assurément répondre ici par une prévision d'optimisme.

Mais le Groupe socialiste pense qu'un immense effort — le maximum d'effort — doit être fait pour que la guerre — les hostilités du moins — soient terminées à l'hiver.

Des raisons diverses, impérieuses, lui paraissent commander cette nécessité.

La moindre n'est pas que nos soldats, immobilisés, usés par un effort prolongé, sans repos, envisagent avec une inquiétude croissante les souffrances réitérées d'un hiver. On peut, nous en sommes convaincus, leur demander l'héroïsme le plus efficace pour éviter une telle éventualité.

Mais pour atteindre ce résultat, toute mollesse doit être bannie. Chefs et soldats doivent être animés d'une foi ardente en la victoire. Cette foi, ils l'auront si le gouvernement donne aux uns et aux autres les moyens matériels de vaincre ; si le Parlement, puisqu'il est la suprême émanation du pays, est appelé à surveiller l'exécution des mesures de salut, à contrôler l'organisation de tous les services de la nation en armes, à veiller que l'élan des soldats, même, ne soit point brisé par des mesures qui seraient en contradiction avec l'esprit de la patrie républicaine, avec cette glorieuse tradition d'égalité et de liberté que le citoyen français ne veut pas voir périr, même par l'effet d'une discipline proclamée par nous nécessaire, inflexible dans son équité.

C'est une fièvre d'activité ardente qui doit emporter le pays à l'intérieur, pour se réfléchir au front en une vigueur irrésistible.

Donner au soldat sa pleine sécurité morale, le convaincre avec évidence qu'à l'heure où on lui demande sa vie même pour l'idéal et le salut communs, les siens sont hors du péril de misère ;

Exiger de tous ceux, officiers, fonctionnaires civils et militaires, fournisseurs aussi, qui ont charge, à quelque titre que ce soit, d'une parcelle de défense nationale, l'exécution la plus stricte du devoir et des conventions ;

Prévenir les insuffisances et punir les fautes, sans hésitation, sans défaillance ni complaisance ;

Susciter partout l'énergie productrice de guerre ;

Remanier, s'il le faut, le principe duquel les autorités militaires tirent un pouvoir exclusif pour l'organisation de cette production et pratiquent des méthodes de bureaucratie qui ne sont plus ni en harmonie avec l'industrie et le travail modernes ni compatibles avec la rapidité des résultats à obtenir ;

Créer les usines nouvelles si les anciennes ne suffisent pas ;

Voilà ce que nous réclamons à nouveau du gouvernement comme le gage certain et rapide de la victoire.

Si le Groupe du Parti socialiste se considère fondé à réclamer, à obtenir les mesures qui lui paraissent aujourd'hui devoir être examinées et adoptées sans délai, c'est qu'il est toujours résolu à assumer les responsabilités acceptées par lui, c'est qu'il les prend au sérieux. Nul ne pourra le lui reprocher.

Il compte sur le gouvernement pour y réfléchir et penser qu'il serait grave, pour le pays même, que des exigences d'autorité, des hésitations de faiblesse puissent écarter les solutions dont chacun sent qu'elles deviennent plus impérieuses. Ce serait créer les malentendus les plus redoutables, les plus préjudiciables au salut de la nation.

La première des mesures qui paraît au Groupe socialiste devoir être prise, parce qu'elle entraînera toutes autres, est l'organisation du contrôle parlementaire. Celui-ci, pour devenir réel, effectif et vraiment utile à la vie et à la défense nationale, doit pouvoir s'exercer le plus librement possible, sans autre limite que les nécessités réelles imposées par les opérations militaires.

Nous demandons, par conséquent, l'adoption des dispositions suivantes :

I

Les parlementaires, munis simultanément de leur carte, de leur médaille et de leur insigne, pourront circuler librement, par tous moyens de locomotion, sur toute l'étendue du territoire français, même dans la zone des armées, où ils peuvent séjourner au même titre que les habitants des villes et des communes.

Dans la zone de l'intérieur, de l'arrière et des étapes, l'assentiment des autorités militaires locales, qualifiées pour accorder l'autorisation, leur sera nécessaire pour visiter les divers services relevant de ces autorités.

II

Les grandes commissions permanentes de la Chambre et du Sénat, les groupes politiques régulièrement constitués, désigneront ceux de leurs membres qui pourront être investis d'une délégation spéciale.

Cette délégation constituera mandat, pour ceux qui en seront titulaires, de pénétrer dans les manufactures, usines, exploitations rurales et urbaines travaillant pour le compte de l'Etat, ambulances, hôpitaux, casernes, dépôts, cantonnements, magasins, arsenaux, ateliers, etc. Les autorités militaires faciliteront à ces parlementaires l'accès de ces divers établissements, qu'ils soient situés dans la zone de l'avant et du combat ou dans la zone de l'arrière et de l'intérieur.

Les frais de ces missions, ratifiés par les Chambres, seront imputés sur le budget.

Pour le Groupe socialiste au Parlement :

Le Secrétaire :

HUBERT-ROUGER.

DEUXIÈME LETTRE

ADRESSÉE A

M. VIVIANI, Président du Conseil,

le 8 septembre 1915

La deuxième lettre du Groupe socialiste fut, comme la première, adressée au gouvernement Viviani.

Certaines fautes du haut commandement avaient commencé de produire leurs effets. Le Groupe socialiste demandait qu'on apportât là des changements. Il prévoyait la nécessité de comités secrets, afin que le Parlement connût toute la vérité.

Paris, le 8 septembre 1915.

Le groupe socialiste au Parlement à Monsieur le Président du Conseil.

Monsieur le Président du Conseil,

Le 11 juin 1915, le Groupe socialiste vous remettait un document qui, dans sa pensée, était destiné à prendre date, pour un jugement sur la façon dont se déroulaient les opérations de guerre et pour les indications que le Parti socialiste croyait devoir suggérer comme conséquence de son examen de la situation à cette époque.

Le Parti socialiste peut dire qu'en vous transmettant ce document il agissait à la fois dans le sentiment le plus amical pour votre gouvernement, le plus désintéressé de toute intrigue, le plus exclusivement préoccupé des intérêts et du salut de la nation.

Depuis cette date, le malaise dont les événements étaient la source n'a fait que grandir, vous le savez, monsieur le président du conseil. Des incidents de guerre ou de politique ont aggravé les inquiétudes au point qu'à plusieurs reprises, en des mouvements qui, pour ne pas s'exprimer pleinement, n'en ont pas moins pris une force singulière, le Parlement, soit dans des séances publiques, soit dans ses séances de commission, a marqué son mécontentement, et même parfois son désir de sanction. Le Groupe socialiste, qui, même lorsqu'il demande les évictions jugées par lui nécessaires, se flatte de n'être pas animé par aucune haine ni décidé pour aucune querelle de personnes, regrette que le président du conseil et le gouvernement n'aient pas rompu la solidarité avec le ministre qui avait, par imprévoyance ou calcul, couvert les fautes et les hommes qui les avaient commises (1).

Nous osons dire que le discours prononcé par vous, monsieur le président du conseil, le 26 août, pour si noble qu'en ait été l'inspiration et grande l'impression sur la Chambre, a eu pour résultat, non pas d'atténuer ou de faire disparaître, mais d'aggraver et d'étendre le malaise.

Étrangler le comité secret, sous couleur de ne pas s'y intéresser, quand la recherche et la connaissance de la vérité, seules, peuvent rendre le Parlement moins anxieux, poser une question de confiance générale qui n'avait pas sa raison d'être, c'était engager l'avenir pour une solidarité que le conseil des ministres a bien paru, à certaines heures, trouver excessive, et nous en verrons les effets à la longue. Ajoutez à cela la déplorable défaillance qui a conduit le Parlement à s'ajourner, et à l'inspiration de laquelle ne sont peut-être pas étrangers quelques membres du gouvernement, vous saisirez les raisons pour lesquelles le Groupe socialiste se croit obligé de nouveau de vous saisir expressément de ses inquiétudes, de ses volontés aussi.

Il le fait à l'heure même où une nouvelle offensive paraît décidée (2), *et, puisque vous n'avez pas hésité à reconnaître souvent le désintéressement et le haut souci national du Groupe socialiste, il ne vous échappera pas que les événements donnent à sa démarche une importance et une gravité qu'il ne se dissimule pas.*

Si cette offensive, en effet, ne se propose pas pour

---

1) Il s'agit ici de M. Millerand.
2) L'offensive de Champagne.

but et n'a pas pour résultat d'être le point de départ de la libération du territoire, si elle n'apparaît au pays qu'une de ces « entreprises locales » et de ces « succès sans lendemain » que regrettait notre document du 11 juin 1915, elle aura pour conséquence inévitable de poser devant nous les problèmes les plus redoutables et les responsabilités les plus lourdes.

L'émotion causée par la double affaire militaire de l'Artois était à la base du malaise parlementaire. Des récits autorisés, qui, loin de se démentir, se sont confirmés les uns les autres, mettaient à la charge du commandement des fautes, renouvelées, on peut le dire, des offensives des Éparges, de Soissons, de Champagne. En des conversations dont vous n'avez pas perdu le souvenir, nous vous avons demandé si une enquête rigoureuse avait établi la réalité des faits et des responsabilités. Nous ne connaissons rien encore de cette enquête. Nous ne savons pas quelles pertes — inutiles sacrifices — ont été la rançon de notre activité guerrière de mai-juin. Nous ne savons pas si des sanctions ont été prises, d'autant plus légitimes, semble-t-il, que, sur un autre point du front, un général, dont les services antérieurs ne sont contestés par personne, s'est vu relever de son commandement dans des conditions dont les détails peuvent paraître étranges (1).

Ces faits, nous le répétons, et vous le savez assez pour qu'il ne soit pas besoin d'y insister, ont été l'occasion même du malaise persistant. Mais ils n'auraient eu, quelle que soit leur gravité, qu'une faible action si la situation générale ne commandait pas la vigilance la plus ferme.

Il faut dire vrai.

L'opération des Dardanelles est à refaire. Elle est, jusqu'ici, un échec sanglant, et les fautes du service de santé s'y sont renouvelées avec une terrible netteté.

Sur le front russe, des succès récents, peut-être localisés, ne sauraient nous masquer la formidable avance allemande et la redoutable organisation de l'ennemi.

Si, après avoir fixé leurs lignes en Russie — hypothèse la plus favorable — les armées allemandes se

---

(1) Le général Sarrail.

retournent vers notre front, ou même vers le front serbe, sommes-nous sûrs que les conséquences d'une telle action ne seront pas des plus graves, parce que nous n'aurons pas su montrer à temps la volonté et l'esprit de décision indispensables ?

Nos ennemis ne sont ni abattus, ni lassés, ni affamés. Leurs ressources sont grandes, et il n'est pas douteux que la contrebande, même par des pays dont l'énoncé serait bien surprenant, ne leur vienne très largement en aide (1).

Notre diplomatie n'a pas réussi à clarifier la situation balkanique. Elle apparait d'une déplorable faiblesse pour opposer chez les neutres la propagande française à la propagande allemande. Les échos nous en parviennent tous les jours. Là aussi, on a l'impression que la décision manque et que la coordination entre les efforts des alliés est gravement en défaut.

Dans l'action intérieure de la France, même indécision, même absence d'impulsion vigoureuse.

Le contrôle parlementaire, réclamé par nous le 11 juin, s'est institué peu à peu, mais à travers quelles difficultés, quelles résistances !

Devant toute mesure qui donne au Parlement ou à ses membres individuellement le droit de voir, les obstacles se sont renouvelés. C'est au point que la libre circulation des députés, malgré vos engagements solennels d'il y a trois mois, est seulement sur le point d'être résolue, et avec quelle limitation ridicule !

Pourtant l'heure est, plus que jamais, à voir et à savoir.

Nous sommes inquiets pour notre part de voir se développer aux armées certains faits qui sont en contradiction avec les nécessités d'une armée démocratique et formée de citoyens libres comme l'est celle de la France.

Si ferme que doive être la discipline — ce n'est pas nous qui contredirons à cela — l'écho de certaines exécutions sommaires, de certaines formes de justice expéditive, de certaines erreurs irréparables, même, a retenti douloureusement jusqu'à nous.

---

(1) La contrebande des céréales se faisait par la frontière russe.

Nous sommes inquiets d'apprendre que des malentendus peuvent se créer entre les combattants de première ligne et des chefs qui perdent un peu le contact avec eux en restant à l'arrière. Ici, parfois, la vie quotidienne ne conserve pas toujours la dignité que devrait dicter l'état de guerre, et il y paraît que certains s'éloignent à la fois du danger et du devoir.

Nous sommes inquiets d'apprendre que certaines propagandes, dont l'effet certain ne peut être que de rompre cette union sacrée à laquelle, pour notre part, nous avons fait de nombreux sacrifices, peuvent continuer de s'exercer malgré circulaires ou ordres.

Nous sommes inquiets, — au langage que, de toutes parts, des soldats, des officiers même, meurtris dans la profondeur de leurs sentiments, nous rapportent pour avoir été tenu par certains hommes du commandement supérieur ou moyen, — de sentir que la calomnie contre les républicains, contre les méthodes et les conceptions démocratiques, s'exerce avec une impudence qui ne prend pas soin de se cacher.

Nous sommes inquiets de savoir que, contrairement aux indications au moins tacites de vos propres discours, aux promesses même faites par vous, des organisations comme la Ligue des Patriotes puissent distribuer sur le front des cartes postales qui prônent des annexions, comme si la France et la République ne trahiraient pas, aux yeux du monde, leur propre parole et l'intérêt de l'avenir en élevant une telle prétention de la force (1).

Nous sommes inquiets de savoir que la censure a donné son visa à cette propagande quand elle interdit toute discussion contraire et s'oppose à la publication d'ordres du jour de la Ligue des Droits de l'Homme.

Nous sommes inquiets de voir s'aggraver ce régime de la censure, qui est plus ridicule encore qu'odieux, mais qui risque de frapper jusqu'au cœur la nation, entretenue dans une ignorance mortelle, et dont le réveil peut être terrible.

Nous sommes inquiets de voir que le gouvernement laisse traîner des accusations scandaleuses qui atteignent son administration, en même temps qu'elles

---

(1) La Ligue des Patriotes a publié des cartes réclamant la rive gauche du Rhin.

tombent sur des trafiquants sans scrupules, et qu'il laisse ces accusations sans un démenti probant, comme sans leur logique conclusion judiciaire.

Vous trouverez peut-être, monsieur le président du conseil, que le tableau ici tracé ne présente que des traits sombres. Ce n'est pas que nous méconnaissions les efforts faits. Entre autres choses, nous aurions mauvaise grâce à ne pas nous souvenir que le gouvernement, pour l'œuvre essentielle de la préparation des munitions et des armements, a fait, il y a quelques mois, appel de nouveau à l'un des nôtres, et que son labeur a vivifié une production dont le ralentissement pouvait être pour le pays une cause de mort.

Mais chaque jour qui s'écoule, chaque jour d'hésitation, chaque jour de retard, représente tant de vies humaines sacrifiées, tant de richesses détruites, tant de progrès menacés, tant de chances perdues pour la victoire définitive, qu'il nous apparaît à nous que se féliciter de l'effort accompli est moins urgent et moins indispensable que de porter l'attention sur les défaillances.

Notre ennemi est fort. Nous avons confiance dans la victoire, parce que nous avons le désir et la volonté de vaincre. Nous ne voulons pas, suivant votre mot, être les jouets du pessimisme qui déprime. Mais pour vaincre, il faut agir. Nous craignons que l'impulsion gouvernementale soit insuffisante. Nous vous le disons avec la franchise que commandent les événements.

Nous vous demandons de rendre toujours possible, pour le Parti socialiste, une collaboration qui pourrait cesser si la défense de la France et de la République n'était pas assurée, à ses yeux, avec assez de vigueur.

Il ne dépendra pas de nous que cette collaboration ne se poursuive loyalement si le gouvernement donne la preuve qu'il sait vouloir, décider, agir et vaincre.

Pour le Groupe socialiste au Parlement.

Le Secrétaire :

Hubert-Rouger.

TROISIÈME LETTRE

ADRESSÉE A

M. Aristide BRIAND, Président du Conseil,

le 3 décembre 1915

La troisième lettre du Groupe socialiste fut adressée à M. Aristide Briand, comme président du conseil. Les événements que la deuxième lettre du Groupe prévoyait s'étaient malheureusement déroulés, ainsi que le craignait notre parti. L'échec relatif de l'offensive de Champagne, en septembre 1915, avait aggravé le malaise politique. Le gouvernement de M. Viviani avait cédé la place au gouvernement de M. Briand, qui se constituait le 29 octobre 1915. La deuxième lettre était datée du début de septembre. Malgré le changement gouvernemental, les inquiétudes du Groupe étaient assez avivées pour qu'il crût devoir parler à nouveau le 3 décembre 1915.

Paris, le 3 décembre 1915.

Le groupe socialiste au Parlement à Monsieur le Président du Conseil.

Monsieur le Président du Conseil,

Comme il l'a fait à deux reprises pour votre prédécesseur, le Groupe socialiste, qui a accepté que trois des siens continuent de partager avec vous et vos collègues du gouvernement de la défense nationale la responsabilité de la conduite de la guerre, tient à vous présenter les observations que lui inspirent la situation actuelle et les récentes décisions du gouvernement.

Il ne veut pas que le silence auquel se réduit ou est réduit le Parlement puisse, en ce qui concerne notre Parti, ou se prolonger d'une façon désagréable pour la défense nationale ou être interprété, soit comme une coupable absence de clairvoyance, soit comme un acquiescement à des méthodes où nous ne reconnaissons pas encore l'esprit de décision, la preuve de volonté qui devraient animer les conseils de la défense nationale.

Nous avons dû, dans les deux documents remis à votre prédécesseur, enregistrer certains échecs de notre politique militaire ou diplomatique. Nous en prévoyions alors d'autres, qui, depuis, se sont produits.

L'une de nos inquiétudes est de constater qu'après l'échec du forcement des Dardanelles, après l'échec de nos attaques à Gallipoli, nous soyons obligés de craindre aux Balkans un nouvel échec. Impuissants à secourir la Serbie, nous paraissons conduits à une immobilisation de nos contingents à Salonique, sinon à quelque éventualité plus grave.

Certes, nous n'ignorons pas que l'insuffisance de coordination entre les efforts des Alliés est la source la plus certaine de nos fautes. Aussi bien nous redoutons que cette absence de coordination ne provienne, elle-même, du défaut d'une politique claire. Nous craignons qu'à de certains moments notre diplomatie ait consenti à servir des ambitions et des appétits qui ne pourraient trouver satisfaction que par un abus de la force, et que ce ne soit là une cause d'hésitations, de retards, qui risquent de s'étendre en malentendus.

Mais, même ces réserves faites, il ne semble pas que la France, pour sa part, ait agi avec assez de vigueur et de décision, et le moment approche probablement où elle va en porter le poids.

Le Parti socialiste n'a pas de direction à indiquer. Il n'a pas tous les éléments d'information et il n'a pas la responsabilité directe de l'action.

Mais il a le droit de demander au gouvernement de prendre des décisions et de s'y tenir. Ce n'est pas ce qui semble avoir été fait jusqu'ici.

Le gouvernement précédent a commencé par nommer un chef de l'expédition d'Orient, il n'a pas organisé les forces nécessaires à cette expédition.

Le gouvernement précédent a expédié ce chef dans les Balkans, il ne lui a donné que des contingents insuffisants pour y accomplir l'œuvre qu'on lui demandait.

Pendant ce temps, Austro-Allemands et Bulgares, avec une précision que n'a pas diminuée la lenteur des mouvements imposée par la résistance serbe, réalisaient leur plan.

Depuis, des efforts — tardifs — ont été assurément accomplis. Mais aujourd'hui, il faut songer ou à se retrancher à Salonique ou à partir.

Si le gouvernement décide de rester, qu'il se tienne à cette décision et qu'il fasse ce qu'il faut, tout ce qu'il faut. Qu'il augmente ses envois de troupes, car il sait que celles qui sont là-bas ne suffiront pas pour un tel dessein ; qu'il obtienne aussi de ses Alliés une action plus rapide. Mais, s'il ne remplit ni l'une ni l'autre de ces nécessités, dans le plus bref délai, qu'il abandonne la place, plutôt que de risquer le désastre le plus retentissant.

Qu'en tout cas il ne se tienne pas à mi-chemin de l'une ou de l'autre décision. Il est visible que la Grèce n'accorde que ce que l'Allemagne lui permet d'accorder, elle peut se joindre aux empires centraux si les hésitations, les tergiversations continuent.

Après les fautes criminelles de M. Delcassé, se résoudre à une demi-inaction, à une demi-activité, c'est faire à nos adversaires une part trop belle.

Le Parti socialiste attend autre chose du gouvernement, et il compte, du reste, que celui-ci voudra mettre le Parlement tout entier au courant d'une situation inquiétante, et sur laquelle il est bon que le gouvernement ne maintienne pas trop d'obscurité.

Cette nécessité d'explication se double, aujourd'hui, par notre situation militaire française.

La grande offensive de septembre, quels qu'en aient été les résultats partiels, n'a pas ébranlé sérieusement le front ennemi ni donné cette libération du territoire qui apparaissait comme le but qu'on se proposait dans des ordres du jour qu'il ne suffit pas de nier pour qu'ils n'aient pas existé. Elle a donc échoué. C'était l'heure même où nous écrivions à votre prédécesseur que si cette offensive échouait, après celles des Eparges, de Crouy, de Champagne, de l'Artois, d'autres encore, elle poserait devant le gouvernement et le Parlement les plus lourds problèmes.

Nous avons le regret de penser que certaines enquêtes, qu'on nous avait promises, ne semblent pas *avoir été poussées à leur nécessaire limite. Des chefs, dont la responsabilité a été grande dans les premières affaires de l'Artois, dont la responsabilité n'a pas été moins grande dans la dernière offensive, continuent d'assumer un commandement qui paraît avoir été, nous avons le regret de l'affirmer pour quelques cas, plus périlleux pour nos propres troupes que pour l'ennemi.*

Le décret qui a paru aujourd'hui même, à l'Officiel, soulève, à notre sens, toutes ces questions et réclame de sérieuses explications.

Le généralissime commandant les armées du Nord et du Nord-Est devient commandant des armées nationales ; c'est-à-dire que les opérations d'Orient se trouvent jointes, dans ses attributions, aux opérations sur le front franco-allemand ; c'est-à-dire aussi qu'en fait il aura un remplaçant sur cette dernière ligne.

Les plus graves réserves doivent être faites sur cette extension de pouvoirs, qui nous paraît tendre à masquer derrière la responsabilité du chef des armées la responsabilité générale du gouvernement, et il importe que soient délimités, d'une façon très précise, les rapports de ce nouveau Commandement avec les pouvoirs civils de la République.

Il nous paraît aussi qu'avant de donner au Généralissime le remplaçant ou l'aide qui sera porté à ses anciennes fonctions, il convient d'examiner les critiques qui sont depuis des mois formulées à l'égard du haut commandement et qui n'ont pas été portées à la tribune par un sentiment de discrétion que commande la publicité de nos séances.

Il n'y a pas un seul député qui, directement ou indirectement ne sache que le mal de bureaucratie, de routine, d'ankylose dans des méthodes surannées n'a pas seulement atteint l'arrière de nos services d'armée, mais qu'il frappe aussi notre commandement jusque dans ses grades les plus élevés.

Pas un officier, pas un de ces soldats admirables qui donnent leur sang et leur vie sans compter pour la défense nationale, qui ne réclament de nous, dans les confidences qu'ils nous font, l'exercice d'un contrôle qui doit aller jusqu'à exiger de profonds remaniements dans les cadres d'officiers, et particulièrement dans nos états-majors d'armée.

C'est l'heure d'y penser, c'est l'heure de le réaliser. Dans trois mois, il serait trop tard, nous serons peut-être aux événements décisifs. Si nos choix n'ont pas été faits, si les hommes nouveaux n'ont pas été mis à même de préparer l'action, qui sait ce que sera le destin de la France ?

Oui, il faut des hommes nouveaux, ayant combattu aux premières lignes, inspirés, comme au temps de la grande Révolution, de la foi ardente en la victoire, de la confiance de leurs soldats, des leçons tirées directement par eux de la guerre, et non pas seulement des théories d'école.

Au Gouvernement nous crions notre angoisse, parce que nous sentons que c'est peut-être notre dernière occasion de parler utilement.

Nous demandons au gouvernement de saisir sans délai le Parlement d'un projet définissant et limitant les pouvoirs du Général en chef de nos armées ; de s'inspirer, pour les choix qu'il va faire, de la volonté de rajeunir et de renouveler nos cadres et de donner à nos soldats les chefs audacieux, énergiques et prudents, tout à la fois, que la victoire attend ; enfin, de consentir à exposer en comité secret, devant le Parlement, notre situation militaire extérieure et intérieure.

Le Groupe socialiste ne saurait vous cacher, monsieur le Président du Conseil des Ministres, que de la netteté des réponses qui lui seront faites peut dépendre la continuation de sa participation aux responsabilités gouvernementales.

Le Groupe est unanimement préoccupé de l'intérêt de la défense nationale. Il croit d'autant plus légitimes les exigences qu'il formule qu'elles sont dictées par le seul souci du bien de la patrie.

Pour le Groupe socialiste au Parlement :

Le Secrétaire :

HUBERT-ROUGER.

QUATRIÈME LETTRE

ADRESSÉE A

M. Aristide BRIAND, Président du Conseil,

le 15 novembre 1916

A la date du 15 novembre 1916, le Groupe socialiste a remis à M. le président du conseil Aristide Briand deux lettres, touchant : l'une aux questions d'ordre diplomatique, l'autre aux questions d'ordre militaire. C'est la première de ces lettres que nous donnons aujourd'hui.

Il s'est écoulé un an entre la troisième et la quatrième lettre. C'est que le Parlement avait montré plus d'activité. A plusieurs reprises, en séance publique ou en séance secrète, un certain nombre de problèmes avaient pu être abordés. Mais alors surgirent les événements de l'année 1916, marqués surtout par les opérations militaires de Verdun et aussi par une grande activité diplomatique de l'Allemagne. Il paraissait au Groupe que le gouvernement aurait dû exercer une action plus vigoureuse. Il faut croire que le Parlement et le gouvernement n'étaient pas éloignés de ce même sentiment, puisqu'un mois après le premier ministère Briand faisait place au second. Cette tentative de « resserrement » se réalisait le 12 décembre 1916.

Paris, le 15 novembre 1916.

Le Groupe socialiste au Parlement à Monsieur le Président du Conseil.

Monsieur le Président du Conseil,

En un congrès qui se tenait à Paris en décembre 1915, notre Parti définissait l'attitude générale qu'à son sens les gouvernements alliés devraient prendre en vue d'affirmer leur volonté d'une paix organisée et durable. Nous disions :

« *A ceux qui ont proclamé, par leurs paroles et par leurs actes, dans toute la conduite de la guerre, que les traités internationaux sont « chiffons de papier », que « la nécessité ne connaît pas de loi », qui ont fait du droit des gens une dérision, la paix victorieuse qui suivra la guerre devra imposer l'obligation des arbitrages et le respect des signatures, devenus la règle générale des nations civilisées.*

« *En déclarant dès maintenant qu'ils veulent tendre à donner à la conclusion de la paix ce caractère, et à poser comme la règle suprême des conflits entre les peuples, la pratique de l'arbitrage et la constitution de la Cour d'arbitrage des nations, les gouvernements alliés donneront un incomparable ressort de force morale aux combattants héroïques, qui sentiront ainsi que le résultat à obtenir est digne du sacrifice consenti.*

« *Les gouvernements ennemis disent à leurs peuples qu'en voulant la défaite du militarisme prussien, c'est la destruction même de l'Allemagne que poursuivent les alliés. Le Parti socialiste repousse, pour son compte, une telle conception. Ni destruction politique de l'Allemagne, qui serait de nouveau conduite, à travers le temps, à reconstituer son unité par le fer et par le sang, ni destruction économique, qui, en comprimant, au mépris de tout droit, une population considérable, la jetterait aux suprêmes colères du désespoir.*

« *Mais le militarisme prussien, système de brutalité, volonté d'hégémonie, allemande d'abord, mondiale ensuite, est, de tous les militarismes, le plus dangereux pour la sécurité du monde, pour le retour de l'Allemagne, elle-même, à un développement de progrès pacifique.*

« *Réduire le militarisme prussien à accepter les procédures du droit, c'est l'obliger à se détruire lui-même, en reniant sa raison d'être. C'est ainsi que la guerre de 1915 pourrait être la dernière des guerres.* »

En même temps, notre Parti déclarait à nouveau qu'il était énergiquement opposé à ce que notre guerre de défense contre la tentative d'hégémonie allemande, pût un jour se changer en guerre d'annexion et de conquête.

Cette volonté, notre Parti vous l'avait, du reste, fait connaître par ceux de ses membres qui allaient *prendre part à votre gouvernement, sous cette condition que le gouvernement de la France continuerait* « d'affirmer qu'il ne poursuit, dans la guerre, aucune espèce de conquête ou d'annexion, toutes réserves naturellement faites pour le retour de l'Alsace-Lorraine à la nationalité française ».

Depuis cette époque, des paroles dans la direction que nous indiquons ont été prononcées, ici ou là, par des ministres alliés et par vous-même. Nous n'avons garde de les négliger.

Mais des discussions dans la presse, des déclarations publiques ou privées, plus ou moins ambiguës, d'hommes politiques n'ont pas été sans obscurcir la netteté de la politique des gouvernements alliés.

La censure, visiblement complaisante quand il s'agit d'affirmations de conquêtes futures, singulièrement sensible quand il s'agit du contraire, a rendu plus impérieux le besoin de clarté.

Il nous paraît que les alliés ne peuvent plus se soustraire à l'obligation de préciser leur politique de guerre et de paix plus solennellement qu'ils ne l'ont fait jusqu'ici.

S'il était besoin d'ajouter un argument de fait puisé dans les événements les plus récents, ce qui vient de se passer dans la Pologne n'est-il pas de nature à montrer aux alliés qu'ils ne peuvent trouver avantage à tergiverser, et à paraître toujours réparer ce qu'ils n'ont pas su prévoir (1).

Les alliés, dit-on, se proposent de protester, une fois les faits accomplis, contre la violation nouvelle des règles établies par la Conférence de La Haye. C'est une bien faible réplique à un acte de nos ennemis, qui, même si on le juge odieux, n'en a pas moins dû éveiller en Pologne des espérances que les alliés auraient pu prendre à leur compte et réaliser.

En des discours à l'habileté desquels il faut prendre garde, le chancelier de Bethmann-Hollweg, le socialiste Scheidemann, se sont efforcés à faire croire à leur peuple que la prolongation de la guerre incombe aux alliés.

---

1) L'Allemagne venait d'annoncer son intention de lever une armée polonaise, en annonçant en même temps des mesures en faveur de l'indépendance polonaise.

Qu'on y prenne garde, le dernier discours de M. de Bethmann-Hollweg, particulièrement, est l'indice que le gouvernement allemand va se placer audacieusement sur le terrain où le gouvernement français donne l'impression de l'hésitation. Attendre plus longtemps serait commettre la même faute que nous avons eu tant de fois à regretter: arriver trop tard.

Si grand que soit l'héroïsme de nos soldats et de notre population, la durée est un élément dans la lassitude d'un pays qui lutte.

Pour maintenir, soutenir et prolonger cet héroïsme, il ne faut pas moins que donner à tous la conviction qu'il n'est pas de mauvais desseins cachés au fond des actes des alliés. Ne nous lassons pas non plus d'établir avec évidence que nous ne proposons pas à l'effort de nos soldats des buts de conquêtes territoriales, de destruction de peuples, qui conduiraient à l'épuisement général d'une Europe imprévoyante, tout en préparant avec certitude un avenir nouveau de massacres.

Comment obtenir ce résultat si les chefs des gouvernements alliés, sans entrer dans le détail, nous le voulons bien, n'indiquent pas au moins à grands traits les conditions qu'ils considèrent comme devant être réalisées pour une paix organisée, et par-là même durable.

A cette entrée de l'hiver, où des souffrances plus âpres vont une fois encore s'abattre sur nos combattants, il convient de faire appel à toutes les sources de forces morales. Il n'en est pas de plus haute, à notre sens, que l'action que nous vous demandons.

Nous sommes convaincus aussi que là est le seul moyen de dissiper, dans la mesure où cela nous est possible et que nous ne devons jamais négliger, les mensonges des gouvernements agresseurs. Ne perdons aucune occasion de faire connaître au peuple allemand lui-même qu'il continue d'être trompé sur les desseins des alliés, comme il le fut aux origines de cette guerre. La résistance des gouvernements ennemis ne peut qu'en être affaiblie.

Ces déclarations, nous les attendons de vous, monsieur le président du conseil. Nous espérons qu'elles seront faites en accord, non seulement avec le gouvernement anglais, mais avec les autres gouvernements alliés.

Au surplus, s'il n'en était pas dès maintenant ainsi, votre effort devrait être continué pour y arriver. Votre persuasion se montrera efficace si, invoquant la grandeur des sacrifices faits par la France et la nécessité de vaincre rapidement, vous rappeliez leur dessein généreux à ceux qui furent les initiateurs de la conférence de la Haye et qui ne peuvent l'avoir oublié

Notre Parti attache à ces idées une si grande importance qu'il a chargé son groupe parlementaire d'obtenir ces précisions. C'est ce mandat que nous poursuivons aujourd'hui. En face d'un silence prolongé plus longtemps par le gouvernement, et dussions-nous constater un désaccord grave avec vous, nous nous verrions obligés de remplir ce mandat devant le Parlement et par conséquent devant le pays.

Recevez, monsieur le président du conseil, nos salutations distinguées.

Pour le Groupe socialiste au Parlement :

Le Secrétaire :

HUBERT-ROUGER.

CINQUIÈME LETTRE

ADRESSÉE A

M. Aristide BRIAND, Président du Conseil,

le 15 novembre 1916

Ainsi que nous l'avons dit hier, cette cinquième lettre du Groupe socialiste est adressée à la même date que la précédente. Le groupe avait simplement préféré distinguer entre les observations qu'il présentait tant au point de vue diplomatique que militaire. La cinquième lettre a trait aux opérations militaires.

Paris, le 15 novembre 1916.

Le Groupe socialiste au Parlement à Monsieur le Président du Conseil.

Monsieur le Président du Conseil,

Le Parti socialiste est préoccupé de soutenir les forces morales du pays, il ne l'est pas moins de développer l'effort matériel de la Défense Nationale.

Le Groupe socialiste parlementaire a adopté et vous a remis, en décembre 1915, un document dans lequel, étudiant les responsabilités d'une situation qui paraissait alors inquiétante, il vous demandait de prendre d'énergiques mesures et de vous concerter avec les gouvernements alliés pour que notre action à Salonique et dans les Balkans n'aboutisse pas à une catastrophe.

Il y a un an de cela.

Nous ne nierons pas les efforts que vous avez faits pour obtenir un résultat diplomatique utile. Mais nous rappelons qu'au 3 décembre 1915, nous nous trouvions au lendemain du jour où le général Joffre se voyait investi par vous du commandement total de nos armées.

Sur « cette extension de pouvoirs, qui (disions-nous) parait tendre à masquer derrière la responsabilité du chef des armées la responsabilité générale du gouvernement », nous avons fait nos réserves les plus formelles.

Si cette solution nous avait apporté des résultats heureux en ce qui concerne l'Orient, nous enregistrerions l'inanité de nos réserves d'alors. Mais les événements des Balkans ne nous ont pas donné ce démenti, et il y a peu de jours, à la commission de l'armée, vous avez vous-même déclaré que « si c'était à refaire, vous ne prendriez plus le décret du 2 décembre ».

Ce qui s'est passé en Orient depuis six mois témoigne malheureusement que cette décision n'a pas aplani les difficultés que nous connaissions.

Nous n'avons pas à juger les qualités militaires du chef qui commande à Salonique, mais la campagne faite dans la presse, tolérée par la censure pendant plusieurs jours, témoignait, selon nous, d'un singulier état d'esprit chez ceux qui l'ont inspirée. Le Parlement s'en est inquiété, vous avez saisi l'occasion qui vous était offerte par un de nos collègues socialistes pour la désavouer publiquement.

Elle n'en a pas moins permis de constater qu'on donnait sur le papier au chef de Salonique des moyens qui étaient loin de correspondre à la réalité comme ils étaient loin de correspondre à la nécessité.

Ainsi s'est vérifié ce qu'on savait déjà, que notre Etat-Major s'est toujours refusé à envisager l'ampleur de l'action que les circonstances nous imposaient en Orient.

L'examen des documents, tant diplomatiques que militaires, ayant trait aux opérations des Balkans et à l'entrée de la Roumanie dans la guerre, documents dont vous croyez devoir refuser, au moins partiellement, communication aux commissions parlementaires, démontrerait, nous en avons la conviction, de lourdes responsabilités à la charge du grand commandement.

Le Parlement tiendra sans doute à obtenir, en comité secret, de pleines explications. Il voudra savoir comment la Roumanie, menacée d'écrasement comme la Serbie, pourra être sauvée par les décisions communes des alliés.

Mais il nous faut en outre constater que l'été de 1916 s'est passé sans que soit intervenue la décision que notre grand commandement, avec un optimisme déconcertant, annonce toujours comme imminente.

Notre grand commandement, en février 1916, s'est laissé devancer et surprendre devant Verdun. Rien n'avait été préparé par lui pendant la période de repos hivernal, en vue de vastes opérations au printemps. Il invoquera le retard involontaire de l'Angleterre, mais la préparation du terrain n'en dépendait pas. Elle est aujourd'hui à peine plus avancée, sur aucun autre point que le champ de bataille de la Somme.

L'hiver 1916-1917 sera-t-il témoin d'une même imprévoyance, aggravée cette fois de l'imprévoyance irréparable sur les effectifs ?

La réorganisation du haut commandement, par la suppression des services administratifs de Chantilly, promise en comité secret et à la commission de l'armée, n'a pas encore été faite ! Va-t-on enfin supprimer la barrière élevée entre la zone des armées et la zone de l'intérieur ?

Notre situation, si améliorée soit-elle, ne justifie pas les paroles de fanfaronnade de certains de nos chefs. Nos succès sur la Somme sont limités, comme ils sont limités à Verdun, quelle que soit leur répercussion morale dans le monde.

Le gouvernement ne pourra pas hésiter longtemps devant les conséquences d'une résolution plus ferme aboutissant à mettre les hommes à leur vraie place. Pour que nous ayons la victoire, il faut que les choses soient changées. Les choses ne seront changées que si les hommes, qui font les choses, sont changés eux-mêmes.

Si le gouvernement n'était pas capable de cette décision, il se chargerait devant le pays d'une responsabilité à laquelle le Parti socialiste ne pourrait s'associer.

Pour le Groupe socialiste au Parlement

Le Secrétaire :

Hubert-Rouger.

SIXIÈME LETTRE

ADRESSÉE A

M. Alexandre RIBOT, Président du Conseil,

le 1ᵉʳ juin 1917

Cette sixième lettre — et dernière en date — du Groupe socialiste fut adressée à M. Alexandre Ribot à la suite de la connaissance, acquise par le Groupe, de certaines notes ou conventions passées avec le tsarisme. A ces notes, à ces conventions, il a été fait ensuite allusion en Allemagne, à la tribune du Reichstag ; sur elles, M. Ribot, soit en séance secrète, soit dans des déclarations publiques, s'est expliqué et en a réduit la portée ; enfin, elles ont fait l'objet d'une des publications de documents secrets qui ont eu lieu en Russie.

Paris, le 1ᵉʳ juin 1917.

A Monsieur le Président du Conseil,
le Groupe socialiste au Parlement.

Monsieur le Président du Conseil,

Il y a quinze jours, par deux de ses membres, le Groupe socialiste au Parlement demandait à vous interroger sur les répercussions que pouvaient — que devaient — produire sur la conduite diplomatique de la guerre deux grands événements, l'entrée des Etats-Unis à nos côtés dans la guerre et la Révolution russe.

Sans discuter du fond des choses, et tout en réservant la date de ces interpellations, vous avez fait devant la Chambre et devant le pays des déclarations qui ont été un soulagement pour notre conscience, et aux yeux du monde entier une preuve de la loyauté et de la clairvoyance de la démocratie française. Nous tenons à en prendre acte ici.

Mais, Monsieur le Président, les faits particuliers qui avaient motivé l'intervention de nos deux collè-

gues, sinon dans son fond, du moins dans son moment, étaient encore imprécis et obscurs.

On n'avait sur eux que les déclarations de M. Terestchenko, qui venait d'assurer que pour ne pas briser entre les alliés des liens nécessaires à l'heureuse terminaison de la guerre, le Gouvernement russe ne procéderait pas à la publication des traités secrets passés par l'ancien régime tsariste.

Aujourd'hui, nous savons, par les confirmations que viennent de nous apporter nos collègues Cachin et Moutet, que, s'il n'y a peut-être pas lieu d'incriminer dans son texte le traité qui scella l'alliance franco-russe, il n'en est pas de même de certaines démarches ou conventions réalisées depuis la guerre.

Il nous paraît que, pour la seconde fois, c'est une heure grave dans la destinée du conflit mondial.

La première nous apparut lorsqu'en mai 1915 notre groupe obtint confirmation que les Alliés avaient donné leur assentiment à une combinaison destinée à promettre définitivement au Gouvernement russe la possession de Constantinople et des Détroits. C'était là, à nos yeux, comme un renversement du sens de la guerre, dont les conséquences ne pouvaient manquer de se manifester. Pour une cause qui, en elle-même, n'était pas juste, les événements militaires, loin de répondre aux espérances, devaient souligner la disproportion des ambitions et de la réalité. Nous payons encore du sang des nôtres, à Salonique, les fautes commises alors par nos alliés et par nous.

Aujourd'hui, nous apprenons qu'une diplomatie irresponsable, dans la probable ignorance de la plus grande partie du Conseil des ministres, a engagé, avec l'ancien Gouvernement de notre alliée la Russie, des pourparlers, et que des notes communes ont été signées au nom de la France.

C'est le voyage de M. Doumergue qui aurait été l'occasion de ces actes nouveaux. On parle de conventions concernant la rive gauche du Rhin, de partages de l'Asie où la France se réserverait le Kurdistan. C'est aussi certaines conférences en Italie, ou à la frontière italienne, qui ont inquiété l'opinion.

Quelle diplomatie irresponsable, nous le répétons, a conçu de tels desseins nous éloignant à ce point de toutes les affirmations de justice internationale et de droit qui ont été formulées publiquement par les Gouvernements alliés ?

Quels hommes au pouvoir ont dirigé ou couvert de haut cette diplomatie irresponsable, sans en avertir ni le pays, ni peut-être même ceux à qui leurs fonctions dans le Gouvernement eussent donné le droit de savoir.

Ce seront des questions auxquelles le Parti socialiste pense qu'il ne sera pas possible d'éviter de donner bientôt une réponse.

Mais, pour le moment, nous voulons seulement souligner que notre Parti s'est donné, dès le premier jour, sans réserves, à la Défense du pays attaqué. Mais il n'a voulu prendre dans la conduite de la guerre sa part d'une responsabilité gouvernementale, déjà très alourdie par des fautes, qu'à la condition plusieurs fois formulée d'être assuré que la guerre de défense ne serait pas transformée en une guerre de conquête et d'annexion.

Nous sommes venus vous dire cela, Monsieur le Président du Conseil, par une délégation accomplie le 30 mai. C'est pour qu'il en reste entre vos mains cette trace écrite, que nous vous remettons cette lettre avec la pensée que vous voudrez bien la communiquer au Conseil des ministres.

Nous sommes heureux que déjà vous ayez affirmé publiquement votre décision de converser avec le Gouvernement provisoire russe sur sa note du 9 avril.

Nous avons appris avec plaisir que vous étiez résolu à publier, si vous en receviez l'assentiment de la Russie, les documents de l'alliance russe avant la guerre.

Il nous paraît qu'il est indispensable aussi de réparer les fautes commises, et de ruiner les mauvais desseins cachés.

Nous savons les difficultés d'une telle tâche où nous ne sommes pas engagés seuls, où nos alliés ont, comme nous, un idéal et des intérêts. Le Parti socialiste ne gênera pas vos initiatives et ne compromettra pas imprudemment la cause de la France par des exigences brusquées et trop rapides.

Mais il affirme qu'à cette heure décisive de la guerre, où les peuples alliés ont besoin d'un courage *immense, d'une conscience sans trouble, pour supporter la lassitude et les deuils qui continuent de s'accumuler, il lui apparaîtrait comme la pire des fautes dans la guerre, et le pire des crimes contre la France, que le Gouvernement français se mît dans cette position de voir éclater sur sa tête un scandale en tempête où sombrerait toute la force héroïque de la résistance à l'agression.*

A cette faute, à ce crime, le Parti socialiste ne pourrait s'associer ni par la présence d'un des siens au pouvoir, ni par son silence devant la nation.

Il fallait que vous le sachiez, Monsieur le Président du Conseil. C'est fait.

Veuillez agréer, Monsieur le Président du Conseil, nos salutations distinguées.

Pour le Groupe socialiste au Parlement:

Le Secrétaire:

HUBERT-ROUGER.

II

DOCUMENTS OFFICIELS DU PARTI

(1914 = 1915 = 1916 = 1917)

LES DERNIERS EFFORTS POUR LA PAIX

I

Manifeste de la C. A. P. (1)

(28 Juillet 1914.)

Citoyens,

L'anarchie fondamentale du système social, les compétitions des groupes capitalistes, les convoitises coloniales, les intrigues et les violences de l'impérialisme, la politique de rapine des uns, la politique d'orgueil et de prestige des autres, ont créé depuis dix ans dans toute l'Europe une tension permanente, un risque constant et croissant de guerre.

Le péril a été subitement accru par la démarche agressive de la diplomatie austro-hongroise. Quels que puissent être les griefs de l'Etat austro-hongrois contre la Serbie, quels qu'aient pu être les excès du nationalisme panserbe, l'Autriche, comme l'ont dit bien haut nos camarades autrichiens, pouvait obtenir les garanties nécessaires sans recourir à une note comminatoire et brutale qui a fait surgir soudain la menace de la plus révoltante et de la plus effroyable des guerres.

Contre la politique de violences, contre les méthodes de brutalité qui peuvent à tout instant déchaîner sur l'Europe une catastrophe sans précédent, les prolétariats de tous les pays se lèvent et protestent. Ils signifient leur horreur de la guerre et leur vo-

---

(1) Ce document et le suivant ont été rédigés par Jean Jaurès.

lonté de la prévenir. Les socialistes, les travailleurs de France font appel au pays tout entier pour qu'il contribue de toutes ses forces au maintien de la paix. Ils savent que le Gouvernement français dans la crise présente a le souci très net et très sincère d'écarter ou d'atténuer les risques de conflit. Ce qu'ils lui demandent, c'est de s'employer à faire prévaloir une procédure de conciliation et de médiation rendue plus facile par l'empressement de la Serbie à accorder une grande partie des demandes de l'Autriche. Ce qu'ils lui demandent, c'est d'agir sur son alliée, la Russie, afin qu'elle ne soit pas entraînée à chercher dans la défense des intérêts slaves un prétexte à opérations agressives. Leur effort correspond ainsi à celui des socialistes allemands demandant à l'Allemagne d'exercer auprès de l'Autriche son alliée une action modératrice. Les uns et les autres, à leur poste d'action, font la même œuvre, vont vers le même but.

C'est cette force, c'est cette impérieuse volonté de paix que vous affirmerez, citoyens, dans les réunions que nous vous invitons à multiplier. C'est pour affirmer avec plus de vigueur et d'ensemble la commune volonté de paix du prolétariat européen, c'est pour concerter une vigoureuse action commune que l'Internationale se réunit demain à Bruxelles. En elle et avec elle, nous lutterons de toute notre énergie contre l'abominable crime dont le monde est menacé. La seule possibilité de ce crime est la condamnation et la honte de tout un régime.

A bas la guerre !

Vive la République sociale !

Vive le Socialisme international !

BEUCHARD, BRÆMER, BRACKE, CAMÉLINAT, COMPÈRE-MOREL, DORMOY, DUBREUILH, DUCOS DE LA HAILLE, GÉRARD, GRANDVALLET, GROUSSIER, GUESDE, HÉLIÈS, HERVÉ, JAURÈS, MAILLET, PÉDRON, POISSON, RENAUDEL, ROLAND, ROLDES, SEMBAT, VAILLANT, UHRY.

II

Déclaration du Groupe Socialiste au Parlement

(28 Juillet 1914.)

Le Groupe Socialiste au Parlement a examiné ce matin la situation internationale. Il donne sa pleine et unanime adhésion au manifeste publié au nom du Parti par la Commission administrative permanente.

Des dépêches qui annonçaient l'invasion du territoire serbe par l'Autriche et qui marqueraient un progrès nouveau de la crise l'ont amené à étudier les conséquences possibles de cet événement. Il estime qu'une intervention armée de la Russie ne ferait qu'étendre le péril et aggraver le mal sans apporter la moindre garantie positive et durable à la malheureuse Serbie, qui serait en fait menacée de toutes parts dans son indépendance.

Il est convaincu que cette intervention ferait le jeu du germanisme impérialiste le plus agressif, qui semble avoir choisi son heure pour une entreprise de violence sans précédent, et qui verra un jour se retourner contre lui l'abus qu'il fait de la force brutale.

Il pense que tout l'effort de la France et de l'Europe doit se concentrer maintenant sur le succès de la médiation proposée par l'Angleterre et que toute action armée de la Russie contrarierait ce sage et généreux dessein. Il ajoute que la France qui, depuis plus de quarante ans, a subordonné aux intérêts suprêmes de la paix sa revendication sur l'Alsace-Lorraine, ne peut pas se laisser entraîner à un conflit dont la Serbie serait l'enjeu.

Il proclame bien haut que la France seule peut disposer de la France, qu'en aucun cas elle ne peut être jetée dans un formidable conflit par l'interprétation plus ou moins arbitraire de traités secrets et d'engagements occultes et qu'elle doit garder toute sa liberté d'action pour exercer en Europe une influence pacificatrice.

Il charge son Bureau de se mettre en rapport avec le Gouvernement, de lui transmettre la ferme volonté de paix dont est animé le pays et de lui demander quelles sont ses intentions au sujet de la convocation des Chambres.

Albert POULAIN, Albert THOMAS, ALDY, AUBRIOT, AURIOL, BARABANT, BASLY, BEDOUCE, BERNARD, BETOULLE, A. BLANC, BON, BOUISSON, BOUVERI, BRACKE, BRAS, BRENIER, BRETIN, BRIQUET, BRIZON, BRUNET, BUISSET, CABROL, CACHIN, CADENAT, CADOT, CAMELLE, CLAUSSAT, COMPÈRE-MOREL, CONSTANS, DEGUISE, DEJEANTE, DELORY, DOIZY, DUBLED, DUMOULIN, DURRE, Emile DUMAS, FOURMENT, GHESQUIÈRE, GIRAY, GONIAUX, GOUDE, GROUSSIER, GUESDE, Hubert ROUGER, INGHELS, JAURÈS, JOBERT, LAFONT, LAMENDIN, LA PORTE (DE), LAUCHE, LAURENT, LAVAL, LEBEY, LECOINTE, LEFEBVRE, LEVASSEUR, LISSAC, LOCQUIN, LONGUET, MANUS, MAUGER, MAYÉRAS, MÉLIN, MISTRAL, MORIN, NADI, NAVARRE, NECTOUX, PARVY, PHILBOIS, PONCET, POUZET, PRESSEMANE, Ellen PRÉVOT, RAFFIN-DUGENS, RAGHEBOOM, REBOUL, RENAUDEL, RINGUIER, ROBLIN, ROGNON, ROZIER, SABIN, SALEMBIER, SEMBAT, SIXTE-QUENIN, SORRIAUX, THIVRIER, VAILLANT, VALETTE, VALIÈRE, VARENNE, VEBER, VIGNE, VOILIN, VOILLOT, WAETER.

III

Ordre du Jour voté par les Membres de la Fédération de la Seine, réunis à la Salle Wagram

(2 Août 1914.)

Dans les terribles circonstances de l'heure présente, si cruel que soit son deuil, le Parti socialiste tant qu'il peut y avoir un espoir, si faible soit-il, de paix, doit manifester sa volonté de la sauvegarder.

En la médiation anglaise, seule, existe aujourd'hui cet espoir de paix. Aussi, nous faut-il demander au Gouvernement de lui donner le plus énergique appui.

Nous ne voulons pas, jusqu'au dernier moment, désespérer de la paix.

Si abominable qu'ait été l'attentat de l'Autriche contre la Serbie, si perfide et provocateur qu'ait été l'impérialisme allemand, déclarant la guerre à la Russie, nous maintenons toutes nos réserves sur les obligations de traités secrets que nous n'avons pas connus et que notre Parlement n'a pas ratifiés.

Mais, comme nous l'avons toujours indiqué, à l'agression contre la France républicaine et pacifique menaçant la civilisation et l'humanité nous répondrons de toutes nos forces et de toutes nos énergies.

Malgré les malheurs et les catastrophes de plus en plus menaçantes, le Parti socialiste ne s'abandonnera pas. Même pendant la période la plus angoissante, son devoir le plus impérieux est de resserrer son organisation et, autant que les événements le lui permettront, de ne pas perdre le contact avec l'Internationale.

Il constate que c'est en plein accord avec les décisions du Bureau Socialiste International que les socialistes français ont pesé de toutes leurs forces pour obtenir de leur Gouvernement toutes les mesures favorables au maintien de la paix, et, qu'au milieu même de la catastrophe qu'est la guerre, ils demeureront prêts à cet idéal, hostiles à toute pensée de revanche, mais résolus à défendre le droit des peuples, de l'indépendance des nations, de la vie et l'intégrité françaises.

GUESDE ET SEMBAT ENTRENT AU GOUVERNEMENT

Manifeste du Parti

(28 Août 1914.)

Citoyens,

C'est à la suite d'une délibération régulière, c'est par une décision mûrement pesée que le Parti socialiste a autorisé deux de ses membres, nos amis Jules Guesde et Marcel Sembat, à entrer dans le nouveau Gouvernement, et qu'il a fait d'eux ses délégués à la Défense nationale. Tous les représentants du Groupe socialiste au Parlement, de la Commission administrative permanente, du Conseil d'administration de *l'Humanité* ont été d'accord pour assumer avec eux les graves responsabilités qu'ils consentaient à partager.

S'ils ne s'était agi que d'un remaniement ministériel, s'il ne s'était agi que d'adjoindre à l'ancien Gouvernement quelques forces nouvelles, quelques-unes de ces forces intactes dont notre Parti est si riche ; bien plus, s'il s'était agi de l'ordinaire participation à un Gouvernement bourgeois, le consentement de nos amis, ni le nôtre, n'auraient été obtenus.

C'est de l'avenir de la nation, c'est de la vie de la France qu'il s'agit aujourd'hui. Le Parti n'a pas hésité.

La vérité, pressentie, annoncée par nous, a éclaté. Sans avoir été entamées, sans avoir été atteintes dans leur constitution, nos armées se sont momentanément repliées devant des forces supérieures. Une des régions les plus riches et les plus laborieuses de notre pays est menacée.

Il faut que l'unité nationale, dont la révélation renouvelée réconfortait les cœurs au début de la guerre, manifeste toute sa puissance.

Il faut que dans un de ces élans d'héroïsme qui se sont, à de pareilles heures, toujours répétés dans notre histoire, la nation entière se lève pour la défense de son sol et de sa liberté.

Le chef du Gouvernement a pensé que pour entraîner la nation, pour l'organiser, pour la soutenir dans une lutte qui sera et qui doit être acharnée, il avait besoin du concours de tous, et plus particulièrement peut-être de ceux qui redoutent, pour l'émancipation prolétarienne et humaine, l'oppression accablante du despotisme. Il savait qu'à toutes les heures graves, en 1793 comme en 1870, c'était en ces hommes, en ces socialistes, en ces révolutionnaires, que la nation mettait sa confiance.

Spontanément, sans attendre d'autre manifestation de la volonté populaire, il a fait appel à notre Parti. Notre Parti a répondu : Présent !

Voilà dans quel esprit nos amis entrent au Gouvernement. Ils y entreront aussi avec la claire vision de l'œuvre immense qu'ils ont à accomplir.

Et d'abord ils obtiendront que la vérité soit dite au pays.

Ils maintiendront et développeront son courage et sa volonté de vaincre en lui donnant confiance entière dans la sincérité gouvernementale.

Ils poursuivront la levée en masse. Ils feront en sorte qu'aucune force, aucune bonne volonté ne demeurent inutilisées.

Ils vérifieront les ressources d'équipement, d'approvisionnement et d'armement qui existent dans nos places. Ils s'efforceront de les multiplier.

Ils rendront chaque jour plus intense, par la collaboration de toutes les forces disponibles, la production des munitions et des armes.

Il dépend d'une volonté exempte de préjugés, uniquement guidée par le salut du pays, il dépend d'un immense effort d'organisation que soit portée au maximum l'utilisation des énergies nationales.

Enfin et surtout, citoyens, la présence de nos amis au sein du Gouvernement sera pour tous la garantie que la démocratie républicaine est prête à la lutte à outrance.

Que de fois notre grand Jaurès, prévoyant même un premier revers français, sous une attaque de masses, n'a-t-il pas insisté sur la nécessité de cette lutte ? Il aurait voulu qu'elle fût préparée dans tous ses détails. Mais, coûte que coûte, cette résistance opiniâtre, nous avons le devoir de l'organiser et, d'autant plus, que d'elle dépend le succès commun des alliés. C'est à cette résistance que nos amis convieront la nation.

Aujourd'hui comme hier, après les premières épreuves comme dans l'enthousiasme de la mobilisation, nous avons la certitude de lutter, non seulement pour l'existence de la Patrie, non seulement pour la grandeur de la France, mais pour la liberté, pour la République, pour la civilisation.

Nous luttons pour que le monde, affranchi de l'oppression étouffante de l'impérialisme et des atrocités de la guerre, jouisse enfin de la Paix dans le respect des droits de tous.

Cette conviction, les Ministres socialistes la communiqueront au Gouvernement entier. Ils en animeront son travail. Ils la feront partager à l'héroïque armée où combat aujourd'hui la fleur de la nation. Et par leur effort persévérant, par leur élan enthousiaste, ils assureront tout à la fois le salut de la Patrie et le progrès de l'Humanité.

Le Groupe socialiste au Parlement. — La Commission administrative permanente. — Le Conseil d'administration de l'Humanité.

NOTRE POSITION DANS LA GUERRE

I

Manifeste des Partis Socialistes Belge et Français à l'Internationale

(6 Septembre 1914.)

Si évident que nous apparaisse le bon droit des nations française et belge luttant pour leur existence contre l'agression brutale de l'impérialisme allemand ;

Si certains que nous soyons, Sections française et belge, d'avoir fait tout notre devoir internationaliste contre la guerre et pour la paix, il importe que, par un exposé rapide, témoignage impartial des faits, nous en donnions aux autres sections de l'Internationale la démonstration.

En ce qui concerne la Section française, nous n'avons pas à revenir sur la période antérieure à la guerre, alors que croissait la fureur générale de politique coloniale et d'armements, alors que nous nous opposions à la politique marocaine et à la loi de trois ans, suite et conséquence de la loi militaire allemande des accroissements d'effectifs.

C'est de la crise génératrice de la guerre actuelle qu'il s'agit ! Cette crise a éclaté comme un complot par l'ultimatum de l'Autriche à la Serbie ; et tout d'abord, et plus encore quand l'Autriche eut rejeté la réponse pacifique et conciliante de la Serbie, il n'y eut plus de doute que l'Allemagne impérialiste l'inspirait et voulait la guerre.

Dans ces heures critiques et afin d'accomplir le mandat de l'Internationale, nous nous sommes tenus en contact avec le Gouvernement français, à qui nous demandions surtout de seconder de tous ses efforts la médiation anglaise, la meilleure chance de paix, et de faire, en faveur de cette médiation, une pression sur le Gouvernement russe.

Nous nous sommes rendus compte que le Gouvernement français voulait sincèrement la paix et donnait, comme nous le lui demandions, tous ses efforts à son maintien.

L'après-midi du jour même de la rupture des négociations, la délégation du Groupe socialiste de la Chambre allait trouver le président du Conseil, M. Viviani.

M. Viviani ne nous cachait pas que, malgré ses efforts, l'agressivité impérialiste allemande rendait à chaque instant le maintien de la paix plus improbable. Mais il affirmait que jusqu'au dernier moment le Gouvernement français ferait tout le possible pour ménager les dernières chances de paix ; que, malgré les incursions des troupes allemandes sur le sol français, les troupes françaises restaient à huit kilomètres en deçà de la frontière ; et que rien ne serait fait, du côté français, qui pût nuire à la continuation des négociations de paix, désirée et toujours possible tant que l'ambassadeur allemand, M. de Schoen, restait à Paris.

Nous insistions et demandions avec force qu'une nouvelle et démonstrative manifestation de la volonté de paix de la France fût faite immédiatement ; qu'une demande expresse d'intervention nouvelle et de médiation fût adressée à l'Angleterre, avec déclaration formelle du concours entier et énergique de la France.

M. Viviani nous y parut décidé et nous promit de soumettre, le soir même, la proposition au conseil des Ministres. Mais nous ne l'avions pas quitté depuis une heure que M. de Schoen venait le voir au ministère des Affaires étrangères et demandait ses passeports.

Les socialistes allemands du *Lese Club*, vivant à Paris, témoins quotidiens des événements et de nos efforts, ont pleinement approuvé notre attitude et partagé nos espérances.

Nous avons, au contraire, lieu de craindre que la classe ouvrière allemande, trompée par les nouvelles officielles, n'ait pas une connaissance exacte des faits.

Nous soumettons à ses réflexions le grand fait significatif qui établit de quel côté fut la volonté agressive : la violation du territoire belge.

Après avoir affirmé faussement qu'avant la déclaration de guerre des aviateurs français avaient jeté des bombes sur Nuremberg, le Gouvernement impérial allemand affirma, sans plus de fondement, que les troupes françaises avaient envahi ou se disposaient à envahir la Belgique. A ce moment même, la France venait de renouveler envers l'Angleterre l'engagement formel, pris déjà envers la Belgique, de respecter sa neutralité.

Sous ce prétexte, l'Allemagne elle-même a sommé la Belgique de livrer passage à son armée ; et sur son refus, elle lui a déclaré la guerre, a mis le siège devant Liége, et envahi son territoire.

Le Luxembourg, lui aussi, a été envahi par les armées allemandes.

Ces faits que nous soumettons au jugement du prolétariat international suffisent à établir de quel côté vint l'agression, de quel côté on a voulu la guerre. Si, dans cette heure de crise, nous nous sommes trouvés unis, dans le Parlement et dans le pays, à tous les autres partis de la nation, c'est que nous avions conscience de lutter pour les principes que nous avons si souvent affirmés en commun.

Ce n'est pas dans une pensée d'agression, ce n'est même pas parce qu'il sentait autour de lui des sentiments de malveillance et d'hostilité que notre Gouvernement s'est résolu à la guerre.

Nous avons tous la certitude de défendre l'indépendance et l'autonomie de notre nation contre l'impérialisme allemand.

Nous ne luttons pas contre le peuple allemand, dont nous respectons également l'autonomie et l'indépendance.

C'est avec la certitude de soutenir le principe de liberté, le droit des peuples à disposer d'eux-mêmes, que les socialistes français et belges subissent la dure nécessité de la guerre.

Ils ont la certitude qu'une fois la vérité établie ils seront approuvés et rejoints par les socialistes d'Allemagne.

Pour le Parti socialiste français :

Les délégués au Bureau Socialiste International :
Jules GUESDE, Jean LONGUET, Marcel SEMBAT, Edouard VAILLANT.

Pour le Parti ouvrier belge :

Les délégués au Bureau Socialiste International :
Edouard ANSEELE, Louis BERTRAND, Camille HUYSMANS, Emile VANDERVELDE.

II

Déclaration du Groupe Socialiste au Parlement et de la C. A. P.

(25 Décembre 1914.)

(Adoptée à l'unanimité le 21 Décembre.)

Aux Socialistes,

Aux Ouvriers,

Fidèle à la discipline d'union que la nation s'est imposée devant l'ennemi, le Groupe Socialiste au Parlement n'a pas voulu nuancer d'un mot l'accord délibéré de tous les Français. Il s'est abstenu de toute déclaration. Il s'est confondu dans l'adhésion commune au mot d'ordre que formulait le Gouvernement responsable.

Mais les socialistes qui sont au front, les camarades qui peinent au long des routes boueuses ou veillent dans la tranchée humide, les ouvriers qui, dans les usines et les ateliers, poursuivent leur labeur salarié pour la défense de la patrie, les militants qui se dévouent pour protéger femmes, enfants, chômeurs contre la misère et l'inquiétude, tous attendent de leur Parti réuni la parole d'espérance et de certitude qui leur est due.

A tous nous crions : confiance !

Cinq mois de guerre, cinq mois d'épreuves redoutables n'ont pas ébranlé notre foi.

Aujourd'hui, comme au 4 août, après la publication des documents diplomatiques, qui éclairent encore les faits, nous avons la certitude que nous défendons notre pays brutalement attaqué.

Aujourd'hui, comme au 4 août, nous avons, ferme en notre cœur, la conviction de lutter, selon les plus nobles traditions de la France, pour le droit et la liberté.

Aujourd'hui, comme au 4 août, nous avons conscience de soutenir contre l'impérialisme le plus brutal, contre le militarisme le plus sauvage, une guerre de libération.

Aujourd'hui, comme au 4 août, nous avons la certitude de gagner à notre cause les socialistes de tous les pays, l'Internationale tout entière, qui ne peut avoir pour idéal que la fédération de peuples libres.

Outre-Rhin même, parmi ceux qui, dans les années passées, luttèrent en même temps que nous contre les forces d'impérialisme et de guerre, il en est qui déjà commencent — précurseurs socialistes, espérons-le, d'une République allemande — à douter et à voir. Ils ont pu entendre comment leurs gouvernants comprenaient les droits des peuples neutres et le respect des traités. Ils peuvent constater, en dépit de mensonges savants, dans la malheureuse Belgique ou dans nos départements envahis, les atrocités organisées par leurs chefs militaires. Et certains se demandaient déjà avec anxiété, si, même en face de l'étranger, l'unité de l'Allemagne et sa place dans le monde doivent se confondre avec la domination des hobereaux et l'ambition des Hohenzollern. Héroïque, Liebknecht a protesté. Mais nous savons qu'il y a déjà plus d'un cœur troublé. Et, à l'heure même où, nous autres, nous avons la fierté de défendre tout à la fois notre indépendance de nation et notre cause socialiste, ceux-là se demandent peut-être si, par un formidable détour, la guerre n'avait pas pour objet suprême d'atteindre leur effort d'émancipation !

Tranquilles d'âme, nous poursuivrons le nôtre. Ah ! certes, nous n'ignorons pas les difficultés redoutables que nous avons à vaincre. Tantôt sous le couvert de l'union sacrée de tout le peuple, tantôt par un rappel des anciennes polémiques, sournoises et tenaces, des forces antipopulaires voudraient ravir à la République le bénéfice de sa victoire. Des préjugés, des habitudes mauvaises reparaissent, risquant de paralyser l'élan du peuple contre l'ennemi. Les restrictions nécessaires apportées à l'information militaire arrivent à limiter parfois les droits de la critique utile. Les familles des mobilisés et des chômeurs demeurent parfois victimes de la lutte inconsciente des classes. Et dans les Administrations de la Guerre, le capitalisme corrupteur ou la bureaucratie indolente tentent de réintroduire leurs vices.

Ces difficultés, nous les vaincrons. Déjà, les camarades, qu'à l'heure du danger nous avons délégués au Gouvernement de la Défense nationale, ont manifesté dans ses conseils l'esprit de résolution et d'audace qui anime notre Parti. Ils ont tout fait pour dresser, pour organiser les forces du pays dans une guerre tout ensemble populaire et méthodique, où il doit trouver une fois encore la victoire.

Le Parlement, expression de la souveraineté nationale, dépositaire des droits du peuple, le Parlement, qui vérifie et qui contrôle, doit aider désormais le Gouvernement dans cette tâche immense. Il doit l'aider à compléter et à perfectionner l'outillage formidable dont a besoin la nation armée. Il stimulera les énergies. Il ranimera les courages. Héritier des grandes Assemblées révolutionnaires, il donnera à la lutte présente toute sa puissance populaire, toute sa vertu d'émancipation.

Sans doute, la lutte est pénible. Disons vrai : elle peut être longue. C'est la guerre d'usure, la plus terrible.

Elle ne nous lassera pas.

Socialistes, nous savons pour quel avenir nous luttons.

Nous luttons pour que l'indépendance et l'unité françaises ne soient plus jamais remises en cause. Nous luttons pour que les provinces annexées, il y a quarante-quatre ans, contre leur volonté, reviennent librement à leur patrie d'élection. Nous luttons pour que le droit des peuples à disposer d'eux-mêmes soit cette fois reconnu à tous. Nous luttons pour qu'ils se groupent et se fédèrent. Nous luttons pour que l'impérialisme prussien, pour que tous les impérialismes cessent d'entraver leur libre épanouissement.

Socialistes, nous luttons encore pour que cette guerre, cette guerre atroce, soit la dernière. Nous luttons, comme nous avons lutté tous ensemble, depuis des années, inlassablement, pour que la paix, non la paix menteuse des armements, mais la douce paix des peuples libérés, règne sur l'Europe et sur le monde. Nous luttons pour qu'enfin les prolétaires, qui supportent précisément les charges immenses des armements, respirent et poursuivent leur effort d'émancipation. Nous luttons pour que, dans la paix, surgisse enfin la justice et pour que nos petits enfants ne redoutent plus les retours offensifs de la barbarie.

Voilà pourquoi les socialistes luttent. Voilà pourquoi, comme disait le vieil Homère, ils sont à la pointe du combat. Et voilà pourquoi, d'un cœur unanime, ils sont plus que quiconque résolus à la victoire.

Le Groupe socialiste au Parlement :

Albert POULAIN, ALDY, AUBRIOT, AURIOL, BARABANT, BARTHE, BEDOUCE, BERNARD, BETOULLE, BLANC (A), BON, BOUISSON, BOUVERI, BRAS, BRENIER, BRETIN, BRIZON, BRIQUET, BRUNET, BUISSET, CABROL, CACHIN, CADENAT, CADOT, CAMELLE, CLAUSSAT, CONSTANS, DEGUISE, DEJEANTE, DOIZY, DUBLED, DUMOULIN, DURRE, Emile DUMAS, FOURMENT, GIRAY, GONIAUX, GOUDE, Hubert ROUGER, INGHELS, JOBERT, LAFONT, LA PORTE (DE), LAUCHE, LAURENT, LAVAL, LEBEY, LECOINTE, LEFEBVRE, LEVASSEUR, LISSAC, LOCQUIN, LONGUET, MANUS, MAUGER, MAYÉRAS, MÉLIN, MISTRAL, MORIN, MOUTET, NADI, NAVARRE, NECTOUX, PARVY, PHILBOIS, PONCET, POUZET, PRESSEMANE, Ellen PRÉVOT, RAFFIN-DUGENS, REBOUL, RINGUIER, ROBLIN, ROGNON, ROZIER, SABIN, SALEMBIER, SIXTE-QUENIN, THIVRIER, VALETTE, VALIÈRE, VARENNE, VEBER, VIGNE, VOILIN, VOILLOT, WALTER.

La Commission administrative permanente :

Albert THOMAS, BRACKE, BRAEMER, CAMÉLINAT, COMPÈRE-MOREL, DUBREUILH, DUCOS DE LA HAILLE, GRANDVALLET, GROUSSIER, Gustave HERVÉ, PÉDRON, POISSON, RENAUDEL, ROLAND, VAILLANT, UHRY.

N'ont pu signer ce manifeste :

Les membres du Parlement : BASLY, DELORY, GHESQUIÈRE, LAMENDIN, RAGHEBOOM, SORRIAUX, restés dans leurs circonscriptions envahies et dans l'impossibilité de se rendre à Paris.

Les membres de la C. A. P. : BEUCHARD, DORMOY, GIRARD, HÉLIÈS et MAILLET, mobilisés.

LE 1er MAI 1915

Manifeste de la C. A. P.

(1er Mai 1915.)

Comme les années précédentes, la C. A. P. engage les adhérents du Parti, membres des syndicats, à s'associer, à l'occasion du 1er mai, aux manifestations organisées par les groupements économiques auxquels ils appartiennent. C'est ainsi que, pour Paris et sa banlieue, elle compte que tous les socialistes syndiqués qui le pourront, répondant à l'invitation lancée par le Comité général de l'Union des Syndicats de la Seine, participeront à la réunion privée qui aura lieu à la Maison des Syndicats dans la soirée du 1er mai.

La crise terrible, mais passagère comme toutes les crises, que le prolétariat traverse en ce moment, avec l'ensemble de la nation, ne saurait lui faire perdre de vue, en effet, les buts permanents de sa propagande et de son action. Dans la guerre, il demeure ce qu'il était dans la paix, la classe expropriée et mineure dont les aspirations tendent vers un régime de pleine et entière justice sociale.

Il se doit donc d'affirmer aujourd'hui comme hier ses revendications essentielles. Au 1er mai 1915, comme aux 1ers mai antérieurs, il convient qu'il se rappelle à lui-même et rappelle à tous que la réduction de la journée de travail à 8 heures reste à ses yeux le symbole d'un affranchissement partiel, gage d'un affranchissement total.

A cette date, il convient aussi qu'il se remémore que c'est par un effort mené non seulement dans son propre pays, mais d'accord avec les prolétariats de l'extérieur, dans tous les pays, que la journée de huit heures ainsi, du reste, que toute législation améliorée du travail pourra devenir une réalité bienfaisante. D'une façon plus générale, il convient qu'il se remémore encore que tous les progrès dans l'ordre économique ne seront vraiment efficaces et certains que dans et par l'entente des nations et de leurs travailleurs. La paix elle-même, la paix définitive et stable de l'Europe et du monde, ne sera assurée qu'à cette condition.

Sans doute, la manifestation de mai n'aura pas cette année l'ampleur des années précédentes. Beaucoup de nos camarades, ailleurs retenus pour la défense de la patrie, manqueront à l'appel. Pourtant et quand même, par solidarité des espoirs comme des convictions, ils seront avec nous, comme nous serons avec eux. C'est, en effet, pour notre idéal commun qu'ils luttent et se sacrifient en ce moment aux frontières. C'est en vue de la même émancipation ouvrière et humaine qu'ils combattent pour délivrer des prises de l'agresseur la France du Nord et la Belgique. Et en abattant l'impérialisme allemand, c'est eux, soldats des armées de la République, qui, avec ces armées et par leur victoire, apporteront à toutes les démocraties du monde les possibilités d'un développement fécond et fraternel et créeront le milieu démocratique et pacifique où l'Internationale ouvrière, reconstituée et régénérée, pourra remplir sa mission.

Pour la Commission administrative permanente :

Le secrétaire : LOUIS DUBREUIL.

ALBERT THOMAS ENTRE AU GOUVERNEMENT

Manifeste du Groupe Socialiste au Parlement et de la C. A. P.

(22 *Mai* 1915.)

Pour la deuxième fois, le Gouvernement de la République fait appel au dévouement de l'un des nôtres. Nous donnons mandat au citoyen Albert Thomas de répondre : Présent ! et d'assumer le surcroît de responsabilité qu'on lui offre de prendre dans la besogne de la défense nationale.

Il suffit au groupe du Parti socialiste de rappeler dans quelles conditions, le 28 août 1914, il a fait de deux de ses membres ses délégués à la Défense nationale lorsqu'ils étaient appelés à prendre place dans les conseils du Gouvernement, pour montrer qu'il n'a ni réclamé, ni recherché, ni désiré une telle participation.

S'il consent à donner encore un homme à l'œuvre commune de défense, c'est qu'on lui représente l'acceptation d'Albert Thomas comme devant lui permettre de continuer, avec plus d'autorité et, par conséquent, plus d'efficacité, une mission nettement déterminée, à laquelle il a donné ses soins depuis huit mois, et de contribuer plus fortement à rapprocher le moment de la victoire certaine, condition d'une paix durable et définitive fondée sur les droits et les devoirs réciproques des nations.

La Commission administrative permanente du Parti socialiste.

Le Groupe socialiste au Parlement.

LE PARTI DÉFINIT SA POLITIQUE

Résolution adoptée par le Conseil National

(15 Juillet 1915)

Le Parti socialiste français, réuni en son Conseil national, le 14 juillet 1915, après avoir examiné la situation créée par l'agression austro-allemande et les onze mois de guerre qui en ont été la conséquence, se félicite de constater que ses Fédérations, naturellement affaiblies par la mobilisation et par les deuils de la guerre, reprennent cependant toute leur vitalité d'action.

Il affirme à nouveau par elles sa confiance inébranlable dans la cause des alliés et de la France républicaine.

Il rappelle qu'à l'heure où se nouait le vaste conflit dans lequel se débat le monde, il a fait appel jusqu'au dernier moment à toutes les forces de paix, en pesant sur le gouvernement français, dont il constatait, dès le 28 juillet 1914, « le souci très net et très sincère d'écarter ou d'atténuer les risques du conflit » en lui demandant « de s'employer à faire prévaloir une procédure de conciliation et de médiation rendue plus facile par l'empressement de la Serbie à accorder une grande partie des demandes de l'Autriche », en réclamant, le 29 juillet, qu'aucune intervention armée de la Russie ne fasse hâtivement « le jeu du germanisme impérialiste le plus agressif qui semble avoir choisi son heure pour une entreprise de violence sans précédent et qui verra un jour se retourner contre lui l'abus qu'il fait de la force brutale ».

Il rappelle qu'à la même heure la Section socialiste autrichienne fixait ainsi la responsabilité du gouvernement austro-hongrois :

Nous ne pouvons accepter la responsabilité de cette guerre, responsabilité que nous rejetons, ainsi que toutes les conséquences terribles qu'elle peut produire, sur ceux qui ont imaginé, appuyé, accompli la démarche fatale d'ultimatum à la Serbie, qui nous met en face de la guerre.

Il rappelle encore le jugement de la Section socialiste allemande au même moment :

Si nous condamnons les menées du nationalisme panserbe, la légèreté de provocation à la guerre du gouvernement austro-hongrois suscite notre plus énergique protestation. Les exigences de ce gouvernement ont une brutalité qui ne s'est jamais vue encore dans l'histoire du monde à l'égard d'une nation indépendante, et elles ne peuvent être calculées que pour provoquer la guerre.

Le prolétariat conscient d'Allemagne, au nom de l'humanité et de la civilisation, élève une protestation enflammée contre les criminelles intrigues des fauteurs de guerre. Il exige impérieusement du gouvernement allemand qu'il use de son influence sur le gouvernement autrichien pour le maintien de la paix, et si l'horrible guerre ne pouvait être empêchée, qu'il ne se mêle en rien au conflit. Aucune goutte de sang d'un soldat allemand ne doit être sacrifiée aux frénésies ambitieuses des gouvernants autrichiens, aux calculs de profit de l'impérialisme.

Ainsi, dès l'origine, le Parti socialiste français peut dire que toute responsabilité immédiate était écartée de la France, de l'aveu de tous. Elle l'était plus encore par les promesses que le Parti socialiste obtenait du gouvernement, associé à l'Angleterre et suivi par la Russie, de proposer une procédure de médiation et d'arbitrage. Elle l'était enfin par les mesures destinées à éviter tout incident de frontière, par l'engagement pris de subir, mais de ne pas s'associer à une déclaration de guerre.

La guerre éclatait, déclarée par l'Allemagne, comme elle avait été déjà déclarée ailleurs par l'Autriche, et le monde apprenait la violation de la neutralité du Luxembourg et de la Belgique. Sans une hésitation, à l'unanimité, assuré du droit de la France, de sa volonté pacifique, le groupe socialiste votait au Parlement les crédits nécessaires pour la défense nationale.

Le Conseil national approuve cette décision, qui emportait toutes les autres.

Le Conseil national salue le réveil de conscience qui se produit en Allemagne, par lequel, aux premières protestations de Liebknecht, Klara, Zetkin, Rosa Luxembourg, Ledebour, Mehring, viennent se joindre la vigoureuse affirmation de Haase, Bernstein, Kautsky, et la manifestation dite des « deux cents » fonctionnaires, devenus aujourd'hui plus de mille. Ainsi s'opère, dans le socialisme allemand lui-même, l'examen qui s'impose au socialisme de chaque nation pour déterminer ses responsabilités et son devoir vis-à-vis des gouvernements comme vis-à-vis de l'Internationale.

Aujourd'hui, après onze mois de guerre, le Conseil national considère qu'il ne saurait y avoir de paix durable si celle-ci n'est pas basée :

1º Sur le principe des nationalités, impliquant à la fois la volonté d'écarter toute politique d'annexion et le rétablissement du droit qu'ont les populations opprimées de l'Europe à disposer d'elles-mêmes et à faire retour à la nation dont elles ont été brutalement séparées ;

2º Sur le respect absolu de l'indépendance politique et économique des nations ;

3º Sur l'organisation de l'arbitrage obligatoire entre les peuples, permettant à la fois la limitation des armements, le contrôle démocratique des engagements pris par chaque gouvernement et la constitution d'une force internationale de sanction.

Pour obtenir ces résultats et pour chasser du monde les rêves exécrables d'une hégémonie qui aboutirait à placer l'Europe sous le talon de l'impérialisme le plus brutal, le plus agressif et le moins scrupuleux, le Parti socialiste se déclare à nouveau prêt à continuer son concours, sans réserve comme sans défaillance ni lassitude, à l'œuvre de la défense nationale.

Il sait les deuils, les douleurs immenses engendrés par la guerre. Il sait qu'ils ne peuvent disparaître du présent comme des préoccupations de l'avenir que si l'impérialisme allemand est vaincu.

Il poursuit, avec l'ensemble du pays et de ses alliés, la libération du territoire de l'héroïque Belgique et des régions envahies de la France, ainsi que la réparation du droit pour l'Alsace-Lorraine.

Mais pour atteindre ce résultat, nous pensons encore que toute mollesse doit être bannie. Chefs et soldats doivent être animés d'une foi ardente en la victoire. Cette foi, ils l'auront si le gouvernement donne aux uns et aux autres les moyens matériels de vaincre ; si le Parlement, puisqu'il est la **suprême émanation du pays**, est appelé à surveiller l'exécution des mesures de salut, à contrôler l'organisation de tous les services de la nation en armes, à veiller que l'élan des soldats mêmes ne soit point brisé par des mesures qui seraient en contradiction avec l'esprit de la patrie républicaine, avec cette glorieuse tradition d'égalité et de liberté que le citoyen français ne veut pas voir périr, même par l'effet d'une discipline, proclamée par nous nécessaire, inflexible dans son équité.

C'est une fièvre d'activité ardente qui doit emporter le pays à l'intérieur pour se refléter au front en une vigueur irrésistible.

Donner au soldat sa pleine sécurité morale, le convaincre avec évidence qu'à l'heure où on lui demande sa vie même pour l'idéal et le salut communs, les siens sont hors du péril de la misère ;

Exiger de tous ceux, officiers, fonctionnaires civils et militaires, fournisseurs aussi, qui ont charge, à quelque titre que ce soit, d'une parcelle de la défense nationale, l'exécution la plus stricte du devoir et des conventions ;

Prévenir les insuffisances et punir les fautes, sans hésitation, sans défaillance ni complaisance ;

Susciter partout l'énergie productrice de guerre ;

Remanier, s'il le faut, le principe duquel les autorités militaires tirent un pouvoir exclusif pour l'organisation de cette production et pratiquent des méthodes de bureaucratie qui ne sont plus en harmonie avec l'industrie et le travail modernes, ni compatibles avec la rapidité des résultats à obtenir ;

Créer des usines nouvelles si les anciennes ne suffisent pas ; voilà ce que nous réclamons du gouvernement comme le gage certain et rapide de la victoire.

Le Parti socialiste pense encore que le gouvernement de la France s'honorerait devant l'humanité si des horreurs même de la guerre il faisait surgir la lueur qui conduira le monde à la paix.

Que dès maintenant il propose à ses alliés d'accepter l'engagement solennel de soumettre à l'avenir tous les litiges qui pourraient se produire entre les nations à une procédure d'arbitrage international.

Qu'il fasse appel à tous les neutres pour s'associer à cet acte.

Qu'on garde la porte ouverte à toutes les nations qui l'accepteront aussi. Et si une telle initiative est suivie d'effet, la France, une fois de plus, aura mérité la reconnaissance du monde par sa volonté de paix, pour la liberté des individus et des nations.

En conséquence, le Conseil national :

Se référant à la déclaration de Londres et confirmant la résolution votée le 7 février par la Conférence des secrétaires de Fédérations ;

Constate à nouveau devant le monde socialiste que la France ne porte pas la responsabilité du conflit qui a déchaîné sur l'Europe le fléau d'une guerre générale, qu'elle n'a fait que se défendre contre une agression préméditée de l'impérialisme allemand qui, pour atteindre son but, n'a pas reculé devant la violation de la Belgique, garantie par les traités ;

Déclare que la lutte imposée aux alliés par les dirigeants de l'Allemagne doit être conduite à son terme logique, c'est-à-dire jusqu'à la défaite du militarisme allemand, afin que soit donnée au monde la grande et nécessaire leçon d'une entreprise d'hégémonie brisée par la résistance des peuples libres ;

Que de cette guerre — et pour qu'elle soit la dernière — doit sortir une Europe nouvelle, fondée sur le respect des traités et l'indépendance des nationalités, où les peuples, ayant recouvré le droit de disposer d'eux-mêmes, pourront enfin rejeter le fardeau écrasant du militarisme ;

Répudiant à la fois toute politique de conquête au delà des restitutions légitimes et toute pensée de défaillance devant l'invasion ;

Approuve à nouveau l'action menée depuis le début de la guerre par la Commission administrative permanente et le groupe socialiste au Parlement et leur donne mandat de poursuivre dans le même esprit de fermeté inflexible l'œuvre de la Défense nationale

(Adopté à l'unanimité.)

LA CONFÉRENCE DE ZIMMERWALD

Déclaration de la C. A. P.

(6 *Novembre* 1915.)

La Commission Administrative permanente, les citoyens Bouchard, Bracke, Braemer, Cachin, Compère-Morel, Dubreuilh, Ducos de la Haille, Jules Guesde, Gustave Hervé, Renaudel, Roldes et Vaillant étant présents, a adopté à l'unanimité l'ordre du jour suivant, dont elle a décidé la publication :

En présence des efforts faits par deux citoyens pour porter dans la Fédération de la Seine une propagande basée sur les résolutions d'une réunion tenue en Suisse, à Zimmerwald, où ils s'étaient rendus, sans aucun mandat du Parti, pour y conférer sur la question de la paix avec d'autres socialistes de pays neutres ou belligérants, pour la plupart eux-mêmes sans mandats ;

La C. A. P. rappelle qu'elle s'est refusée à participer à cette réunion comme aux réunions de même ordre organisées depuis le début de la guerre.

En conformité avec les décisions du Conseil national des 14 et 15 juillet, elle affirme de nouveau qu'une paix durable ne peut être obtenue que par la victoire des Alliés et la ruine de l'impérialisme militariste allemand, que toute autre paix, toute paix prématurée ne serait qu'une trêve ou une capitulation.

Le Conseil national a dit et la C. A. P. répète avec lui « que la lutte imposée aux Alliés par les dirigeants de l'Allemagne doit être conduite à son terme logique, c'est-à-dire jusqu'à la défaite du militarisme allemand afin que soit donnée au monde la grande et nécessaire leçon d'une entreprise d'hégémonie brisée par la résistance des peuples libres ».

La C. A. P. invite donc toutes les Fédérations et leurs sections à éviter même l'apparence d'une participation quelconque à une propagande contraire aux intérêts de la défense nationale et à l'organisation nationale et internationale du socialisme qu'on prétend consolider.

Le secrétaire : Louis Dubreuilh.

LE PREMIER CONGRÈS DU PARTI ET LA GUERRE

Manifeste du Congrès National de 1915

(29 Décembre 1915.)

Le Parti socialiste est, avec toute la France, entré dans la guerre, sous le coup de la plus brutale agression, pour une œuvre de défense nationale exclusive de tout dessein de conquête et d'annexion. Il demeurera dans la guerre tant que le territoire n'aura pas été libéré, tant que n'aura pas été brisée la tentative d'hégémonie dont l'agression a été le signe et la preuve, tant que n'auront pas été assurées les conditions d'une paix durable. Ces conditions d'une paix durable, le Parti socialiste a déjà défini ce qu'elles sont selon lui.

Toute paix durable doit être basée, comme le disaient déjà Marx et l'Internationale, sur la proclamation de la morale et du droit et sur l'établissement de la justice entre les peuples.

Pas de paix durable sans que soient restaurées dans leur indépendance économique et politique les petites nations martyrisées.

L'une a subi l'attaque de l'Autriche, après avoir accepté presque toutes les conditions d'un ultimatum calculé pour l'humilier et pour provoquer la guerre, et bien qu'elle ait demandé sur le reste l'arbitrage de La Haye.

L'autre a été ravagée pour s'être refusée à laisser violer, en sa personne, un traité international dont toutes les grandes nations avaient la garde.

Toutes deux, la Serbie et la Belgique, doivent être ressuscitées de leurs ruines.

Pas de paix durable sans que soit rendue aux populations opprimées de l'Europe la libre disposition d'elles-mêmes, et sans que soit rétabli, entre la France et l'Alsace-Lorraine, au nom d'un Droit que le temps n'a pas prescrit, le lien que la brutalité de la Force avait seule tranché, en 1871, malgré la protestation socialiste de Bebel et de Liebknecht au sein de la nation allemande elle-même.

Ce droit rétabli, la France saura se montrer prévoyante et juste en demandant à l'Alsace-Lorraine elle-même d'affirmer à nouveau, solennellement, comme le firent ses représentants à l'Assemblée de Bordeaux, sa volonté d'appartenir à la communauté française.

Mais si les Gouvernements alliés, par leur victoire, peuvent résoudre ces questions d'ordre à la fois moral et territorial, il est d'autres garanties pour lesquelles leur est nécessaire le concours des peuples, même ennemis.

En rejetant pour eux-mêmes toute politique d'annexion et de conquête, en se tenant strictement au principe des nationalités, les alliés échapperont aux accusations que portent injustement contre eux leurs adversaires.

Mais ils doivent davantage à la fois à leur qualité de champions du Droit et à l'avenir du monde dont ils sont responsables.

L'organisation d'un droit international apparaît au Parti socialiste, sûr de représenter ici la conscience de l'humanité, comme la garantie la plus certaine d'une paix durable.

En établissant entre eux, et en publiant, dès maintenant, des clauses d'arbitrage pour tous les litiges qui peuvent surgir de leurs communs intérêts, les alliés donneraient un exemple dont leur seraient reconnaissantes les nations neutres, et qui ouvrirait la voie aux seules garanties complètes d'une paix durable.

Le Parti Socialiste sait que tant que subsistera l'iniquité du capitalisme, dont le régime économique a porté au maximum le développement du colonialisme et de l'impérialisme, les dangers de guerre subsisteront avec le capitalisme lui-même.

Mais le monde est devant cette alternative : ou il conservera la pratique des ultimatums, et la guerre, avec le poids accru des armements, fera succomber l'Europe dans quelque catastrophe nouvelle où périra, avec elle, la civilisation humaine ; ou bien les nations entreront, par la pratique de l'arbitrage international, par la limitation des armements, par le contrôle démocratique des engagements pris, par l'abolition des diplomaties secrètes, par la nationalisation des industries de guerre, par l'organisation des sanctions économiques et militaires à l'égard des nations violatrices, et, dans ce cas seulement, l'Europe et le monde pourront envisager le développement normal de la paix entre les peuples, et du progrès entre les hommes par le socialisme.

A ceux qui ont proclamé, par leurs paroles et par leurs actes, dans toute la conduite de la guerre, que « les traités internationaux sont chiffons de papier », que « la nécessité ne connaît pas de loi », qui ont fait du droit des gens une dérision, la paix victorieuse qui suivra la guerre devra imposer l'obligaton des arbitrages et le respect des signatures, devenus la règle générale des nations civilisées.

En déclarant dès maintenant qu'ils veulent tendre à donner à la conclusion de la paix ce caractère, et à poser comme la règle suprême des conflits entre les peuples la pratique de l'arbitrage et la constitution de la Cour d'arbitrage des nations, les Gouvernements alliés donneront un incomparable ressort de force morale aux combattants héroïques, qui sentiront ainsi que le résultat à obtenir est digne du sacrifice consenti.

Les Gouvernements ennemis disent à leurs peuples qu'en voulant la défaite du militarisme prussien, c'est la destruction même de l'Allemagne que poursuivent les Alliés. Le Parti socialiste repousse pour son compte une telle conception. Ni destruction politique de l'Allemagne, qui serait de nouveau conduite, à travers le temps, à reconstituer son unité par le fer et par le sang, ni destruction économique qui, en comprimant, au mépris de tout droit, une population considérable, la jetterait aux suprêmes colères du désespoir.

Mais le militarisme prussien, système de brutalité, volonté d'hégémonie, allemande d'abord, mondiale ensuite, est, de tous les militarismes, le plus dangereux pour la sécurité du monde, pour le retour de l'Allemagne elle-même à un développement de progrès pacifique.

Réduire le militarisme prussien à accepter les procédures du droit, c'est l'obliger à se détruire lui-même, en reniant sa raison d'être. C'est ainsi que la guerre de 1915 pourrait être la dernière des guerres.

Pour qu'elle le soit, il faut aux alliés non seulement la victoire par les armes, mais le concours des peuples. Le premier est celui du peuple allemand lui-même, enfin tiré de l'abominable ivresse où ses gouvernants l'ont plongé. Ayant réfléchi sur les origines de la catastrophe, ayant sondé les desseins impériaux de conquête manifestés par les classes dirigeantes allemandes, ayant entendu les appels de ceux qui, socialistes ou non, commencent à trouver lourde la responsabilité des empires centraux, que le peuple allemand entre donc dans l'opposition la plus ferme et la plus vive à l'égard des maîtres de l'empire ; qu'il fonde la vie politique de la nation allemande, revenue à son génie propre, sur un régime où le suffrage universel ne sera pas un vain mot, où les Gouvernements seront responsables devant la souveraineté populaire et non pas devant le seul kaiser, maître exclusif des catastrophes.

Ainsi, le Parti socialiste français, ayant à envisager s'il y a lieu de reprendre les relations internationales, et, par là même, les rapports avec la section allemande, lie la reprise de cette activité à des actes.

Clairement et sans ambiguïté, la Social-Démocratie devra redonner force et vie aux principes dès longtemps fixés par l'Internationale :

Répudiation de l'impérialisme et des politiques de conquête ;

Affirmation du droit pour les peuples à disposer

d'eux-mêmes, et, pour les nationalités ou fractions de nationalités violentées, à fixer elles-mêmes leur statut ;

Protestation contre les violations du droit international et des neutralités placées sous la garantie de l'Europe.

C'est lorsque ces affirmations auront été faites, non seulement comme formule de résolution, mais comme règle vivante d'action contre le gouvernement impérial ;

C'est seulement lorsque des actes décisifs auront été accomplis par la Social-Démocratie ou par la minorité opposante, que la reprise des relations pourra être envisagée.

Il ne peut, en effet, aux yeux du Parti socialiste, y avoir d'Internationale sans principes, de socialisme international sans idéal et sans âme.

Comment l'Internationale prétendrait-elle à être la paix dans l'avenir, si, n'ayant pu arrêter à temps le fléau, elle ne portait pas, du moins, le jugement inflexible qu'on doit à la vérité ; si elle ne proclamait pas que doivent être condamnés les gouvernements coupables de s'être refusés aux médiations et arbitrages et d'avoir, par là-même, précipité d'abord, rendu inévitable ensuite la catastrophe

Le Parti socialiste français ajoute qu'il ne pourrait accepter que cette reprise pût être interprétée comme un signe de défaillance nationale, comme une raison de faiblesse pour la France, et il répudie toute propagande qui prendrait un tel sens.

Le Parti socialiste considère comme un espoir de voir reprendre les relations socialistes internationales, la distinction qui s'accomplit entre les socialistes impérialistes et la minorité.

C'est la croissance de la minorité qui sauvera l'honneur même du Socialisme international et qui prépare peut-être, si la minorité est énergique et clairvoyante, la rénovation et le salut du peuple allemand.

Il est au pouvoir du Socialisme allemand d'abréger le délai où le Socialisme international pourra reprendre sa route. Utilisant la leçon de la guerre, qui a, plus encore que la paix, démontré l'impuissance des classes dirigeantes à coordonner les forces humaines et sociales ; à donner à tous les peuples les régimes de démocratie agissante qui écarteraient la barbarie ; à subordonner à l'intérêt général les intérêts particuliers exaspérés par la concurrence de la production capitaliste, le Socialisme sait que l'avenir prépare, pour l'Internationale clarifiée et plus vivante, de prochaines et lumineuses responsabilités. C'est parce qu'il croit servir cet avenir que le Parti socialiste français regarde fermement devant lui.

En conformité avec ces principes, le Congrès, en plein accord avec ses organismes centraux, donne mandat à ses élus de continuer à assurer, par le vote des crédits, les moyens de la victoire, à participer par ses trois délégués à l'œuvre de la défense nationale, de même qu'il déclare adhérer, en vue d'une paix non séparée, aux paroles de M. Asquith à la Chambre des Communes, ainsi conçues :

« Les gouvernements de France, de Russie, Japon, Italie et Angleterre se sont engagés mutuellement à ne pas conclure de paix séparée. Si des propositions de caractère sérieux en vue de la paix générale étaient faites par les gouvernements ennemis, directement ou par des intermédiaires neutres, elles seraient d'abord discutées entre les gouvernements alliés. Jusqu'à ce que cela se produise, je ne puis faire aucune promesse. Dès que des propositions de paix seraient faites, le désir du gouvernement serait d'en faire part au Parlement le plus vite possible. »

Le Congrès rappelle au groupe socialiste parlementaire que l'unité d'action comporte l'unité de vote au Parlement dans les questions d'ordre général.

Le Congrès rappelle encore à tous les militants, élus et fédérations, la nécessité, plus que jamais impérieuse, de l'Unité du Parti.

Il rappelle que toute action publique dans la presse, dans les interventions au Parlement ou dans la propagande, doit être commandée pour chacun, à la fois par l'observation loyale de la résolution votée par le Congrès, comme par le souci de ne compliquer par aucune outrance de langage ni par des polémiques de personnes les difficultés de l'action.

Il rappelle à tous que toute action divergente pourrait avoir pour conséquence non seulement un affaiblissement de l'Unité du Parti, mais encore l'affaiblissement de l'œuvre de défense nationale, à laquelle le Parti collabore

Le Parti compte, en ces heures redoutables, que ses militants de l'arrière, que ses combattants du front, pour accomplir leur double devoir, sauront s'inspirer du souvenir ardent de Jaurès et de Vaillant, les deux grands morts que le Parti pleure et que la guerre, déchaînement de haines sauvages ou force génératrice des douleurs immenses, a ravis à la cause de la France et du Socialisme international.

(Adopté par 2.736 voix contre 76 et 102 abstentions)

LES SOCIALISTES ALLIÉS ET LA GUERRE

Conférence de Londres

(Février 1916)

Première résolution

La Conférence ne songe pas à méconnaître les causes générales et profondes du conflit européen, produit monstrueux des antagonismes qui déchirent la société capitaliste et d'une politique de colonialisme et d'impérialisme agressifs, que le socialisme international n'a cessé de combattre et dans laquelle tous les gouvernements ont une part de responsabilité.

Mais l'invasion de la Belgique et de la France par les armées allemandes menace l'existence des nationalités et porte atteinte à la foi des traités.

Dans ces conditions, la victoire de l'impérialisme germanique serait la défaite et l'écrasement de la démocratie et de la liberté en Europe

Les socialistes d'Angleterre, de Belgique, de France, de Russie, ne poursuivent pas l'écrasement politique et économique de l'Allemagne. Ils ne font pas la guerre aux peuples, mais aux gouvernements qui les oppriment. Ils veulent que la Belgique soit libérée et indemnisée. Ils veulent que la question de la Pologne soit résolue, conformément à la volonté du peuple polonais, dans le sens de l'autonomie au sein d'un autre Etat, ou de l'indépendance complète. Ils veulent que, dans toute l'Europe, de l'Alsace-Lorraine aux Balkans, les populations annexées par la force recouvrent le droit de disposer librement d'elles-mêmes.

Inflexiblement décidés à lutter jusqu'à la victoire pour accomplir cette tâche de libération, ils ne sont pas moins résolus à combattre toute tentative de transformer cette guerre de défense en une guerre de conquête, qui préparerait de nouveaux conflits, créerait de nouveaux griefs, livrerait les peuples plus que jamais au double fléau des armements et de la guerre.

Convaincus d'être restés fidèles aux principes de l'Internationale, ils expriment l'espoir que bientôt, reconnaissant l'identité de leurs intérêts fondamentaux, les prolétaires de tous les pays se retrouveront unis contre le militarisme et l'impérialisme capitaliste.

La victoire des Alliés doit être la victoire de la liberté des peuples, de l'unité, de l'indépendance et de l'autonomie des nations, dans la Fédération pacifique des Etats-Unis de l'Europe et du monde.

Deuxième résolution

A la conclusion de la guerre, les ouvriers de tous les pays industriels auront le devoir de s'unir dans l'Internationale en vue de supprimer les diplomaties secrètes, de mettre fin à l'influence des intérêts du militarisme et des fabricants d'armements et aussi d'établir un organisme international capable de régler les différends entre les nations par des méthodes de conciliation et d'arbitrage obligatoire, et pour imposer à toutes les nations l'obligation de maintenir la paix.

La Conférence a, en outre, adopté la résolution suivante :

La Conférence proteste contre l'arrestation des députés de la Douma et contre la suppression des journaux et les condamnations des journalistes russes, ainsi que contre l'oppression des Finlandais, des Juifs et des Polonais russes et allemands.

CONTRE LA PROPAGANDE RÉACTIONNAIRE

Une démarche du Groupe socialiste près du Président du conseil

Une délégation du Groupe socialiste, composée des citoyens Barabant, Bracke, Lafont, Renaudel, Sixte-Quenin, Valière et Varenne, s'est rendue le 4 avril 1916 chez le président du Conseil.

Elle a déposé entre ses mains la lettre suivante :

« Monsieur le président du Conseil,

« Les groupes de droite vous ont interrogé sur les sanctions à apporter contre les propagandes qui peuvent menacer l'union de la France dans le péril de guerre.

« Le Parti socialiste n'a pas réclamé — et ne réclame pas — des poursuites contre ceux qui, depuis la guerre, n'ont pas cessé d'affirmer, de continuer, d'aggraver une propagande qui, celle-là, peut vraiment paraître « infâme », contre la République, contre les républicains et les socialistes. Mais, puisqu'il plaît à ceux-là mêmes de se lever en accusateurs, nous tenons à remettre entre les mains du gouvernement un dossier des documents les plus caractéristiques *distribués à profusion depuis vingt mois*, et qui ne représentent qu'une faible partie de ce que nous pourrions rassembler encore.

« Vous y verrez, Monsieur le président du Conseil, l'étrange théorie par laquelle la guerre est considérée comme un châtiment mérité par la France, pour avoir établi dans ses écoles la véritable liberté de conscience par la neutralité religieuse, et pour avoir rendu à l'Eglise, vis-à-vis de l'Etat, une indépendance dont elle devrait se réjouir.

« Vous y verrez comment on y traite ceux qu'on appelle « les Boches de l'intérieur », républicains, francs-maçons, socialistes, accablés les uns et les autres de diffamations et de calomnies.

« Vous y verrez comment on y accuse la République et le Parlement ; comment on y parle du régime « prussien » des Droits de l'Homme, et comment on dénonce « l'athéisme officiel » comme une cause de la guerre.

« Ces tracts, ces journaux, cherchent à exciter la haine contre quelques individualités, comme ils l'excitèrent autrefois contre Jaurès. Vous savez ce qu'il est arrivé de ces provocations. Mais, ce qui est le plus insupportable dans un pays comme le nôtre, c'est que ces « rumeurs infâmes » cherchent à atteindre le développement de progrès démocratique et libre qui a donné à la France son rayonnement d'idéalisme dans le monde. Comment pourrait-on démoraliser davantage ceux qui se battent pour la liberté, pour le droit ?

« Nous ne parlons que pour mémoire d'une propagande royaliste qui s'affirme avec impudence, spéculant sur notre volonté de ne pas répondre à des polémiques, souvent ordurières, auxquelles, si on parlait du même ton, il ne serait possible de répliquer que par la violence.

« Le Groupe socialiste peut dire que, dans tout le pays, intérieur ou armées, les socialistes ont gardé une mesure que ne leur conseillaient pas les attaques dont ils ont été souvent l'objet. Ils ont ainsi payé leur dette à l'union nécessaire. Mais ils ne peuvent pas oublier que dans les hôpitaux même un grand nombre d'entre eux ont dû protester près de leurs élus contre des partialités qui semblaient avoir pour source les opinions philosophiques ou religieuses des uns ou des autres.

« Nous le répetons, Monsieur le président du Conseil, nous ne demandons aucune sanction, mais nous avons tenu à placer sous les yeux du Gouvernement les éléments d'information que nous connaissons, documents irrécusables qui permettront au gouvernement de la République de mesurer justement toutes les responsabilités et de définir les siennes propres.

« Veuillez agréer, Monsieur le président du Conseil, nos salutations distinguées. »

Cette lettre était accompagnée d'un dossier formé exclusivement de pièces originales, dont l'authenticité ne peut par conséquent être mise en doute. Le président du Conseil a déclaré qu'après avoir examiné ces documents il répondrait au Groupe socialiste.

LES RELATIONS INTERNATIONALES

Résolution votée par le Conseil National

(9 Avril 1916)

Le Conseil national du Parti socialiste se déclare résolu, comme le Congrès du 25 décembre lui en a donné mandat, à continuer son effort dans la Défense nationale pour la sauvegarde de la France attaquée et envahie, comme pour le rétablissement de la Belgique et de la Serbie dans leurs droits de nations libres et indépendantes.

Ayant à examiner s'il y a lieu de reprendre dans leur plénitude les relations internationales; interprétant et appliquant la résolution du 25 décembre 1915, le Conseil national déclare que les conditions alors prévues ne sont pas encore réalisées.

Le Conseil national enregistre que son bureau s'est tenu d'une façon régulière en contact avec le secrétariat du Bureau socialiste international, représenté par le citoyen Huysmans.

Il constate la parfaite loyauté des rapports entre le secrétariat du B. S. I. et le bureau du Parti, et il reconnaît le mérite des efforts faits par le camarade Huysmans pour s'acquitter de sa mission.

Le Conseil national enregistre également que l'affirmation d'une minorité distincte en Allemagne est de nature, suivant la résolution du 25 décembre, « à abréger le délai » dans lequel l'action internationale du socialisme pourra de nouveau, sur des bases fermes et précises, s'exercer pour le bien des peuples.

Le Conseil national suggère toutefois au Comité exécutif du B. S. I. qu'en dehors des conditions morales prévues par le Parti Socialiste français, le 25 décembre, il convient de noter que nulle réunion ne saurait être valable ni souhaitable tant que les diverses sections ne se seront pas réunies en Congrès national. Il importe pour elles, de même que l'a jugé le Parti socialiste français, de faire connaître publiquement et avec précision leur avis sur les problèmes posés par la guerre, et particulièrement sur les responsabilités aux origines et sur les garanties qu'il convient que le socialisme s'efforce de réclamer et d'imposer en vue d'obtenir une paix durable.

Le Conseil national, convaincu que la paix posera des problèmes économiques redoutables, pense que l'examen doit en être fait au préalable, tant par les groupes socialistes des pays belligérants que par ceux des neutres, afin de rechercher les solutions qui n'aggraveront pas et au contraire atténueront les souffrances de la classe ouvrière.

Le Conseil national décide, pour sa part, de mettre ces problèmes dès maintenant à l'ordre du jour de ses fédérations.

Le Conseil national confirme enfin la décision prise par la C. A. P. dans sa séance du 5 avril et ainsi conçue :

« La C. A. P. rappelle à tous les adhérents du Parti qu'en formant des organisations intérieures au Parti, en dehors des règles statutaires des fédérations, comme en adhérant à une autre organisation politique, ils se mettraient en opposition avec les statuts du Parti dont ils encourraient le contrôle. »

Le Conseil national indique à ses adhérents que les mêmes principes d'action s'appliquent en ce qui concerne le Bureau socialiste international, et que le Parti n'aura aucun rapport avec l'organisme issu de la Conférence de Zimmerwald, et qu'il proteste contre la tentative de substitution d'un autre Bureau à celui qui siégeait autrefois à Bruxelles, et que l'agression allemande contre la Belgique a obligé de siéger à la Haye

(Texte adopté par 1 996 voix contre 960 et 12 abstentions)

LE 1ᵉʳ MAI 1916

Un Manifeste de la C. A. P.

(2 mai 1916.)

De nombreuses réunions syndicales auxquelles ont participé partout où il s'en trouve, les membres du Parti, ont eu lieu à l'occasion du 1ᵉʳ mai, tant à Paris que dans les départements Les réunions ont souligné le double caractère de la traditionnelle journée qui comporte à la fois une affirmation en faveur de la réduction du temps de travail et en faveur de l'union des prolétaires de tous les pays dans l'action à mener pour l'avènement d'une ère de concorde internationale.

La C A. P. qui, cette année, comme dans le passé, s'en était remise aux organisations syndicales du soin de régler ces démonstrations et d'en déterminer les modalités, est heureuse de constater leur parfaite réussite.

C'est en effet pour elle le signe évident de l'attachement passionné de la classe ouvrière française, au sein même de la plus terrible tourmente, aux revendications dont elle se charge d'assurer la réalisation. C'est par suite aussi la certitude qu'au lendemain de la guerre, dans une Europe nouvelle assainie et affranchie par la destruction du militarisme prussien, cette classe ouvrière sera prête à collaborer efficacement avec les démocraties et les prolétariats des autres pays à l'œuvre de commune émancipation du travail.

Pour la Commission administrative permanente :
le secrétaire : Louis Dubreuilh.

SUR UN VOTE DE CRÉDITS

Déclaration du Groupe Socialiste au Parlement

(24 Juin 1916.)

Le Parti socialiste votera, aujourd'hui comme depuis vingt-deux mois, les crédits demandés par le gouvernement pour la Défense nationale.

Il les votera pour que la France, brutalement attaquée, menacée jusqu'au cœur, puisse équilibrer et dominer les moyens de combat que les Empires centraux ont jetés contre elle et ses alliés.

Il les votera parce qu'il est prêt à tous les efforts, à tous les sacrifices, pour assurer l'intégrité territoriale à la France, pour que l'Alsace-Lorraine obtienne la réparation du droit foulé aux pieds en 1871, pour assurer la totale restauration politique et économique de la Belgique et de la Serbie, pour acquérir la certitude d'une paix durable.

Ce n'est pas que le Parti socialiste n'ait à formuler des réserves sur les formes d'emploi de ces crédits.

Il pense que notre politique économique et financière ne correspond pas à la politique de guerre qui est imposée au pays.

Il y voudrait une vigueur plus résolue.

Il estime que le souci de la dignité et du bien-être matériel du soldat devrait être plus en rapport avec le caractère de la nation armée. Il pense que les mesures d'intérêt collectif et social destinées à protéger le peuple contre la vie chère sont ou trop retardées, ou insuffisamment appliquées.

Il pense enfin qu'il faut se presser d'organiser une coordination de plus en plus efficace des efforts des pays alliés, afin que l'unité d'action militaire et diplomatique, dans la conduite comme dans les buts de la guerre, fasse plus irrésistible la pression qui doit nous conduire à la paix.

A cet égard, les gouvernements n'ont peut-être pas assez marqué les résultats qu'ils se proposent d'atteindre.

Il y a un an, nous avons enregistré les paroles de M. le président du Conseil déclarant que la paix future devrait permettre le développement de chaque peuple suivant son génie propre.

Mais depuis cette époque, M. de Bethmann-Hollweg a parlé.

Nous avons apprécié les termes dans lesquels M. Asquith et sir Edward Grey, lui répondant fermement, sans formules brutales ou fanfaronnes, ont, à plusieurs reprises, exposé comment ils entendaient soumettre à leur Parlement les propositions de paix générales et sérieuses qui pourraient leur être faites, et comment ils voulaient fonder une paix basée sur les contrats internationaux.

Nous regrettons que notre gouvernement n'ait pas saisi l'occasion, lui seul responsable, selon la Constitution, devant le Parlement et le pays, d'opposer par l'organe du président du Conseil, en des paroles mesurées et délibérées, la conception de la paix française à la conception allemande formulée par M. de Bethmann-Hollweg, et du reste combattue par la minorité socialiste du Reichstag.

Il ne suffit pas à M. de Bethmann-Hollweg de se prévaloir de la carte de la guerre. La maîtrise des mers confirmée par la victoire navale anglaise au Jutland, la bataille héroïque devant Verdun, les gages pris aux colonies, la résistance italienne, la récente victoire des Russes témoignent assez que les Alliés ne sont pas prêts à subir la volonté de l'adversaire.

Mais c'est renforcer la prise de cet adversaire sur son propre peuple, c'est rejeter l'appoint des forces morales impondérables que de faciliter au chancelier de l'Empire, devant son peuple, l'affirmation mensongère que la guerre a eu pour volonté, à l'origine, et aura pour conséquence la destruction de la liberté politique de l'Allemagne, ou l'anéantissement de sa vie économique.

A cette heure, il apparaît à tous que, pour éviter le retour de la barbarie déchaînée sur l'Europe, il faut songer à ce que l'on appelle déjà la Société des Nations. Pour cela, faut-il encore opposer vigoureusement à ceux qui ne connaissent que les solutions de violence notre volonté d'aboutir aux solutions de droit, pour lesquelles la force coalisée des nations apportera seulement le poids de sa sanction.

Nous affirmons ici avec tous que les nations alliées ont à prendre toutes les mesures qui développeront leur production et leurs échanges, qui favoriseront l'éclosion et la croissance de leur solidarité économique et les mettront à l'abri d'une concurrence déloyale. Mais notre devoir est de ne pas renforcer un régime de protectionnisme outrancier dont les classes ouvrières de tous les pays feraient les frais, ni même de développer, à l'égard de l'Allemagne, un système de restriction vitale économique qui serait à la fois une source certaine de conflits nouveaux et, peut-être, pour notre pays une raison de paresse industrielle et commerciale.

Nous n'accepterons pas de prolonger en guerre économique les désastres de la guerre européenne.

Ainsi, messieurs, convaincus de servir les conditions d'une paix durable, nous voterons les crédits militaires.

La paix, tous les peuples la désirent. Nul, assurément, sans crime contre l'humanité déjà si meurtrie, n'oserait demander, ne fût-ce que par prétérition, la prolongation inutile du fléau qui dévaste l'Europe.

Les peuples, le socialisme qui aspire à représenter leurs intérêts ont à veiller pour qu'aucune possibilité de paix sérieuse ne leur échappe. Les gouvernements ont le devoir, si elle se produisait, de l'examiner avec le double souci d'épargner le nouveaux sacrifices, de nouvelles destructions et de fonder un régime de droit international destiné à assurer pour longtemps le repos du monde.

C'est parce que nous croyons être d'accord avec toute la France sur ces idées essentielles, c'est parce que nous croyons aussi que nous servons par là l'établissement universel des institutions démocratiques et socialistes qui garantiront la paix, que le Parti socialiste français apporte aujourd'hui, comme au 4 août 1914, un concours absolu à la Défense nationale par l'acceptation des crédits qui sont proposés.

ALDY, AUBRIOT, AURIOL, BARABANT, BARTHE, BEDOUCE, BERNARD, BETOULLE, J BON, BOUISSON, BOUVERI, BRACKE, BRAS, BRENIER, BRETIN, BRIQMET, BRUNET, BUISSET, CABROL, CACHIN, CADENAT, CADOT, CAMELIE, CLAUSSAT, COMPÈRE-MOREL, CONSTANS, DEGUISE, DEJEANTE, DOISY, DUBLED, DUMOULIN, DURRE, DUMAS, FOURMENT, GIRAY, GONIAUX, GOUDE, GROUSSIER, HUBERT-ROUGER, JOBERT, LAFONT, de LA PORTE, LAUCHE, LAURENT, LAVAL, LEBEY, LECOINTE, LEFEBVRE, LEVASSEUR, LISSAC, LOCQUIN, LONGUET, MANUS, MAUGER, MAYÉRAS, MÉLIN, MISTRAL, MORIN, MOUTET, NADI, NAVARRE, NECTOUX, PARVY, PHILBOIS, PONCET, POUZET, PRESSEMANE, ELLEN PREVOT, REBOUL, RENAUDEL, RINGUIER, ROGNON, ROZIER, SABIN, SALEMBIER, SIXTE-QUENIN, THIVRIER, VALETTE, VALIÈRE, VARENNE, VEBER, VIGNE, VOILIN, VOILLOT, WALTER.

(*Les citoyens Blanc, Brizon et Raffin-Dugens n'ont pas signé.*)

LE PARTI ET SA POLITIQUE DANS LA GUERRE

Résolution du Conseil National

(7 Août 1916.)

I. — LA DÉFENSE NATIONALE

En plein accord avec ses décisions antérieures (25 décembre 1915 et 9 avril 1916), le Conseil National du Parti socialiste s'affirme résolu à continuer son plein effort à la défense nationale jusqu'à la libération des territoires envahis et au rétablissement de la Belgique et de la Serbie, libres et indépendantes.

(Adopté par 1.917 voix, contre 35 abstentions ; 935 voix n'ont pas pris part au vote.)

II. — LES THÈSES DE KIENTHAL

Repoussant à nouveau le dangereux divisionnisme de Zimmerwald et de Kienthal ;

Il condamne comme antisocialiste toute thèse qui ne proclame pas hautement le droit de se défendre pour un pays attaqué ;

Il affirme que le devoir socialiste international est de déterminer quel est le gouvernement agresseur, afin de tourner contre lui l'effort des prolétaires de tous les pays pour préserver les peuples du déchaînement ou de la durée de la guerre.

(Adopté par 1.904 voix contre 30 et 18 abstentions ; 972 voix n'ont pas pris part au vote.)

III. — Les Rapports Internationaux

S'inspirant de la motion du Congrès de décembre 1915, il constate et enregistre les efforts croissants de certaines fractions de la socialdémocratie allemande pour se dégager de la politique impérialiste. Mais il rappelle que la reprise des relations internationales a été liée par lui à des conditions qui ne sont pas encore réalisées.

Les diverses sections de l'Internationale n'ont point encore tenu leurs congrès respectifs. Elles n'ont pas, en conséquence, selon les prescriptions du Congrès de décembre, proclamé leur attachement aux principes fixés par l'Internationale elle-même, savoir :

1° Répudiation de l'impérialisme et des politiques de conquête ;

2° Affirmation du droit pour les peuples à disposer d'eux-mêmes et pour les nationalités ou fractions de nationalités violentées à fixer elles-mêmes leur statut ;

3° Protestation contre les violations du droit international et des neutres placés sous la garantie de l'Europe ;

4° Examen et proclamation des responsabilités aux origines de la guerre et garanties à exiger pour l'établissement d'une paix durable ;

5° Reconnaissance du droit de défense du prolétariat du pays attaqué et du devoir du prolétariat international de seconder ses efforts.

(Adopté par 1.837 voix contre 9 et 36 abstentions ; 1.025 voix n'ont pas pris part au vote.)

IV. — Les Socialistes Alliés. — Les Buts de Guerre

En attendant que soit possible, sur ces bases, la reprise des rapports internationaux, le Conseil national décide d'organiser, dès que possible, une réunion des socialistes des pays alliés, dans laquelle seront précisées les conditions économiques et politiques d'une paix durable, qu'ils s'efforceront ensuite de faire triompher.

Le Conseil national demande au Parti, à tous ses

représentants, d'obtenir du gouvernement des déclarations fermes et nettes sur les buts de guerre de la France. Plus le concours du socialisme français à la défense nationale est considérable et soutenu, plus il a le droit et le devoir d'exiger du gouvernement qu'il affirme hautement sa volonté d'une paix durable basée sur la réparation du droit violé en 1871, le rétablissement dans leur indépendance des nations opprimées, parmi lesquelles il faut mettre au premier rang la Pologne, la répudiation formelle de toute annexion, l'acceptation des garanties de droit et d'arbitrage international.

(Adopté par 1.937 voix contre 2 ; 997 voix n'ont pas pris part au vote.)

V. — La Direction de la Guerre

Le Conseil national charge aussi ses élus d'exiger du gouvernement les mesures qui, par l'exécution des engagements pris, doivent fortifier la direction de la guerre pour une victoire rapide et décisive. Le Conseil compte sur ses délégués au gouvernement de défense nationale pour qu'ils continuent d'exercer leur pression dans les conseils du gouvernement afin d'aboutir à une organisation plus énergique et plus complète de l'action militaire et diplomatique de la France et de ses alliés.

(Adopté par 1.940 voix et 19 abstentions. — 997 voix n'ont pas pris part au vote.)

SUR UN VOTE DE CRÉDITS

Déclaration du Groupe Socialiste au Parlement

(22 *Septembre* 1916.)

Messieurs,

Le Parti socialiste votera les crédits.

Il les a votés le 4 août 1914, pour protéger et défendre la France contre une odieuse agression.

Il les vote aujourd'hui, parce que la France — toujours envahie — doit assurer son indépendance et préserver l'Europe de toute menace d'hégémonie.

Malgré des divergences accidentelles de votes, à la suite d'interventions individuelles qui n'engageaient que leurs auteurs, le Parti, dans ses divers éléments, demeure d'accord sur les principes qu'il a affirmés récemment encore, lors du vote des derniers crédits.

Autant nous sommes opposés à toute politique qui aurait pour objet de prolonger en guerre de conquête la guerre de défense nationale à laquelle nous participons, — autant nous sommes convaincus que pas un socialiste ne pourrait accepter une paix qui laisserait la France mutilée et diminuée. Et nous répétons ce que nous disions, il y a trois mois, lorsque nous votions les crédits de guerre :

« Nous les voterons parce que nous sommes prêts à tous les efforts pour assurer l'intégrité territoriale de la France, pour que l'Alsace-Lorraine obtienne la réparation du droit foulé aux pieds en 1870, pour assurer la totale restauration politique et économique de la Belgique et de la Serbie, pour acquérir la certitude d'une paix durable. »

Cette paix du droit, il dépend des gouvernements alliés d'en hâter l'heure, autant par une conduite vigoureuse et fortement concertée de leur action militaire, que par une action diplomatique de pleine clarté, en prenant soin de mettre en évidence, pour le monde entier, les conditions qui garantiront l'indépendance des nations et prépareront l'organisation de la justice internationale.

Aldy, Aubriot, Auriol, Barabant, Barthe, Bedouce, Bernard, Betoulle, J. Bon, Bouisson, Bouveri, Bracke, Bras, Brenier, Bretin, Briquet, Brunet, Buisset, Cabrol, Cachin, Cadenat, Cadot, Camelle, Claussat, Compère-Morel, Constans, Deguise, Dejeante, Doizy, Dumoulin, Durre, Emile Dumas, Fourment, Giray, Goniaux, Goude, Groussier, Hubert-Rouger, Jobert, Lafont, de La Porte, Lauche, Laurent, Laval, Lebey, Lecointe, Lefebvre, Levasseur, Lissac, Locquin, Longuet, Manus, Mauger, Mayéras, Mélin, Mistral, Morin, Moutet, Nadi, Navarre, Nectoux, Parvy, Philbois, Poncet, Pouzet, Pressemane, Ellen Prevot, Reboul, Renaudel, Ringuier, Rognon, Rozier, Sabin, Salembier, Sixte-Quenin, Thivrier, Valette, Valière, Varenne, Veber, Vigne, Voilin, Voillot, Walter.

Les citoyens Blanc, Brizon et Raffin-Dugens n'ont pas signé.)

LES SOCIALISTES ET LA BELGIQUE

Lettre de la C. A. P. à Emile Vandervelde, Délégué du Parti Ouvrier Belge Président du Bureau Socialiste International

(30 *Novembre* 1916.)

Ami,

Votre voix jette aux socialistes du monde, aux membres de cette Internationale dont vous étiez le chef librement choisi, l'appel désespéré.

Nous l'entendons.

Il est le cri de détresse d'un peuple qui n'a rien fait qu'être fier pour mourir.

Il est la protestation de la conscience humaine.

Nous l'entendons, ami. Nous voici près de vous, cœur à cœur.

Comment n'y serions-nous pas ?

Comment oublierions-nous que ce prolétariat belge, pour lequel vous criez votre angoisse, fut celui-là même qui avait bâti l'asile de notre Internationale pacifique, cette noble Maison du Peuple de Bruxelles où notre Jaurès parla pour la dernière fois ?

En élevant avec vous notre protestation contre le système des déportations qui décime le prolétariat de votre Belgique, comme il décime la population de nos régions envahies, en vous faisant serment, Vandervelde, que la France n'abandonnera pas la lutte sans que la Belgique martyre ait été restituée dans sa fierté, dans son indépendance, nous sommes convaincus de ne trahir ni la pensée ni la volonté des soldats socialistes, combattant aux côtés des autres soldats de France.

La Commission administrative permanente du Parti socialiste :

Albert Thomas, Bracke, Beuchard, Brémer, Compère-Morel, Camélinat, Delépine, Dubreuilh, Ducos de la Haille, Fiancette, Guesde, Givort, Grandvallet, Lévy, Jean Longuet, Mouret, Pressemane, Poisson, Renaudel, Sellier, Sembat.

LE PARTI ET SA POLITIQUE DANS LA GUERRE

Résolutions du Congrès National **de 1916**

La Politique générale

(*Décembre 1916.*)

Le Congrès affirme la continuité de la politique du Parti qui est dictée par le double devoir de participer de toutes ses forces à la Défense nationale, et de ne jamais oublier que les armes devront être déposées quand l'Allemagne aura publiquement prouvé qu'elle est prête à une paix basée sur la reconnaissance du Droit, ainsi que le demande la résolution du Congrès, en réponse aux notes du président Wilson et de la Suisse.

Il déclare que le groupe parlementaire, en votant les crédits pour la Défense nationale, en prenant position sur les problèmes du haut commandement, a rempli exactement les décisions antérieures du Parti.

Il lui fait confiance pour qu'aucun acte ne soit accompli par lui qui aurait pour conséquence de l'écarter de l'action commune pour la défense du pays.

Constatant, d'autre part, que les réponses allemandes et autrichiennes à M. Wilson ne laissent pas de doute sur le leurre des offres actuelles de négociation, le Congrès réclame du gouvernement une politique d'action plus vigoureuse dans l'ordre économique ou militaire, pour que, toutes les forces de la nation étant dressées, le terme de la guerre soit le plus rapproché possible.

(*Adopté par 1.595 voix contre 233 et 1.104 abstentions.*)

La Participation Ministérielle

Conformément aux résolutions internationales qui prévoient et limitent expressément à des circonstances exceptionnelles les conditions d'une participation ministérielle ;

Confirmant les résolutions antérieures du Parti socialiste sur la question, depuis la guerre, résolutions qui affirment pour cette participation le caractère momentané et dépendant de la nécessité de Défense nationale ;

Le Congrès autorise la continuation de la présence du camarade Albert Thomas dans le gouvernement de Défense nationale sous la responsabilité de la C. A. P. et du groupe socialiste au Parlement et compte sur lui pour réclamer et prendre dans le Comité de guerre toutes mesures destinées à assurer vigoureusement la Défense nationale et à obtenir la fin rapide de la guerre par une paix qui doit être le triomphe du Droit.

(Adopté par 1.637 voix contre 708 et 574 données à deux autres motions.)

Les Rapports Internationaux

I

En maintenant ses résolutions antérieures sur les rapports internationaux, qui impliquent les rapports maintenus avec le Bureau socialiste international, mais aussi des conditions nettes pour une réunion générale de l'Internationale, le Congrès déclare qu'il n'examinera cette question que lorsque le Parti socialiste allemand aura transmis au Bureau socialiste international des résolutions précises émanant de son Congrès national et définissant l'attitude qu'il compte prendre en face du refus des Empires centraux de définir clairement le caractère de leurs offres de négociations pour la paix.

II

Le Congrès donne mandat à ses délégués à la Conférence des socialistes alliés d'agir dans le sens de la résolution votée par le Congrès sur la guerre à l'occasion des notes du président Wilson et du gouvernement suisse.

III

Le Congrès renvoie à la C. A. P. l'examen de la proposition du Comité exécutif du Bureau socialiste international sur la constitution d'un Comité de secours aux ouvriers belges réduits à la servitude par le gouvernement allemand. La C. A. P. agira dans le sens d'une action sérieuse pour venir en aide aux ouvriers belges sans que cette action puisse être interprétée comme une reprise indirecte des relations internationales. Elle se mettra, pour aboutir à ce résultat, en rapport avec le citoyen Vandervelde et avec les camarades socialistes anglais.

(*Adopté par 1.537 voix contre 1.407.*)

LE MESSAGE DE M. WILSON

Un Ordre du Jour du Groupe Socialiste

(*26 Janvier 1917.*)

Le Groupe socialiste au Parlement français enregistre avec joie l'admirable message du président Wilson au Sénat américain.

La conception de la Paix fondée sur la libre volonté des peuples et non sur la force des armes doit devenir la charte de l'Univers civilisé.

A cette affirmation de justice, héritage de notre Révolution, tradition de tous nos congrès internationaux, le président Wilson confère aujourd'hui par sa voix un prestige nouveau et immense. Et cela dans le temps où il est le plus nécessaire que les démocrates, dans toutes les nations, s'élèvent contre les ambitions des impérialistes, d'où qu'elles viennent, contre leurs sanglantes et ruineuses conséquences.

Le Groupe demande avec instance au gouvernement français d'affirmer clairement son accord avec les hautes paroles de raison du président Wilson.

Pour préparer et hâter la fin juste et prochaine de la guerre présente, pour assurer l'avenir de la civilisation pacifique, le Groupe demande aux représentants de toutes les nations belligérantes de faire pression sur leurs dirigeants afin que soit tentée de bonne foi la noble expérience offerte à l'unanimité par le chef de la grande République américaine.

LE GROUPE SOCIALISTE AU PARLEMENT.

(Voté par l'unanimité des présents.)

LE PARTI DÉFINIT A NOUVEAU SA POSITION

Résolution de Politique générale adoptée par le Conseil National en vue de la Conférence des Socialistes des Pays alliés

(3 Mars 1917)

Le Conseil National, après avoir constaté que la Section Française de l'Internationale ouvrière a, depuis le début de la guerre, donné à la Défense nationale son concours entier, concours qu'elle est décidée à continuer tant que la France demeurera menacée dans son existence et son indépendance,

Déclare :

Que la Section française a fait, d'autre part, tout son effort pour orienter efficacement la politique de son pays dans un sens qui exclue, durant la guerre et après la guerre, toute pensée de conquête et d'annexion et garantisse, au jour de la paix, le respect des droits violés des nations par des institutions internationales assurant matériellement le maintien durable de cette paix.

Cet effort marqué par les décisions de toutes ses assemblées nationales tenues depuis le mois d'août 1914, elle est résolue à le continuer et à l'intensifier sans répit ni défaillance.

Sa règle d'action, à cet égard, reste la déclaration de la Conférence socialiste des Alliés à Londres, le 14 février 1915, et qui a dit :

« Les socialistes d'Angleterre, de Belgique, de France et de Russie ne poursuivent pas l'écrasement politique et économique de l'Allemagne. Ils ne font pas la guerre aux peuples, mais aux gouvernements qui les oppriment. Ils veulent que la Belgique soit libérée et indemnisée. Ils veulent que la question de la Pologne soit résolue conormément à la volonté du peuple polonais, dans le sens de l'autonomie au sein d'un autre Etat ou de l'indépendance complète. Ils veulent que dans toute l'Europe, de l'Alsace-Lorraine aux Balkans, les populations annexées par la force recouvrent le droit de disposer d'elles-mêmes. »

Envisageant, d'autre part, les rapports économiques des peuples dans l'après-guerre, le Conseil national se rallie à la motion déjà adoptée et publiée sur cet objet par le Parti ouvrier belge et dont voici le texte :

« Le P.O.B. reste fidèle aux principes de l'Internationale, favorable au libre-échange, à l'autonomie des colonies et à l'extension du régime de la porte ouverte dans les pays neufs. Toutefois, en se déclarant adversaire d'une guerre économique succédant au conflit armé, il se refuse à jouer un jeu de dupes ; en réclamant sans délai l'abaissement des barrières douanières qui rendent le sort des travailleurs plus pénible par la cherté artificielle de la vie, il croit qu'il faut cependant prendre des précautions contre la concurrence déloyale, et ne revenir à un régime de libre concurrence plus large seulement après que les pays ravagés, privés de leurs machines, de leurs matières premières, de leurs voies de communication et de leur main-d'œuvre, auront été rétablis dans leur état normal. »

Le Conseil national déclare enfin que la Conférence à laquelle vont participer les délégués du Parti n'implique en rien un changement d'attitude dans la question de la reprise des rapports internationaux. A cet égard, il est lié par la résolution du dernier Congrès national qu'il n'a qu'à appliquer.

Cette résolution, que seul un nouveau Congrès peut infirmer, dit :

« En maintenant ses résolutions antérieures sur les rapports internationaux, qui impliquent les rapports maintenus avec le Bureau Socialiste International, mais aussi des conditions nettes pour une réunion générale de l'Internationale, le Congrès déclare qu'il n'examinera cette question que lorsque le Parti socialiste allemand aura transmis au Bureau Socialiste International des résolutions précises émanant de son Congrès national et définissant l'attitude qu'il compte prendre en face du refus des empires centraux de définir clairement le caractère de leurs offres de négociation pour la paix. »

Les partis socialistes des nations alliées devront concerter leur action pour obtenir de leurs gouvernements respectifs une adhésion formelle et décisive au programme développé par le président Wilson dans son Message du 22 janvier dernier, et pour déterminer ainsi par leur exemple les partis socialistes des pays neutres et des pays belligérants ennemis à s'engager vis-à-vis de leurs propres gouvernements dans une action identique.

(Cette résolution a été adoptée par 1.556 voix contre 1.377.)

Résolution sur l'Action des Sections de L'Internationale

Le Conseil national donne mandat au Comité exécutif du Bureau socialiste international d'inviter les sections des pays belligérants à lui faire rapport :

« 1° Sur leur action à la veille de la guerre ;

« 2° Sur leur politique générale depuis la déclaration de guerre ;

« 3° Sur leur action à l'occasion des notes diplomatiques concernant la paix échangées en décembre 1916 et en janvier 1917 et à l'occasion du Message du président Wilson du 22 janvier.

« Les rapports devront porter de façon particulière sur l'action des sections contre les visées annexionnistes de leurs gouvernements ou de certaines fractions de l'opinion publique de leurs pays, ainsi que sur leurs efforts pour frayer la voie à l'organisation d'un régime de paix durable et assurée. Ils devront notamment faire connaître leur action en vue d'obtenir de leurs gouvernements, à l'occasion des notes diplomatiques, la déclaration de leurs buts de guerre.

« Le Conseil national donne en outre au Comité exécutif du Bureau socialiste international le mandat d'inviter les sections socialistes des Etats non belligérants à lui faire rapport sur les efforts qu'ils ont pu accomplir pour obtenir de leurs gouvernements, notamment après le Message du président Wilson, des déclarations décisives en faveur de l'organisation du régime de paix. »

(Cette résolution a été votée à l'unanimité moins une voix.)

LA REVOLUTION RUSSE

A nos Frères de Russie

(16 Mars 1917.)

Le socialistes français saluent avec enthousiasme la révolution russe.

Comme la Révolution française, elle est l'œuvre du Peuple, du Parlement et de l'Armée.

En prenant résolument sa place parmi les grandes assemblées parlementaires, en renversant l'ancien régime, en libérant les prisonniers politiques, la Douma a réalisé l'unité de la nation russe pour sa défense. Elle a remis aux mains du peuple les destins du pays.

Par ce grand acte, elle affirme que la guerre doit avoir pour conclusion la liberté politique des peuples et l'indépendance des nations.

Puisse cette révolution, qu'ils ont toujours appelée de leurs vœux comme la condition du progrès démocratique et de la paix définitive dans le monde, dicter leur attitude aux prolétariats socialistes d'Allemagne et d'Autriche-Hongrie !

Elle les replace en face de leurs responsabilités.

Les socialistes russes, qui ont tant lutté et tant souffert depuis un demi-siècle, se sont associés de tout leur effort à l'œuvre nationale de libération. Ils y ont intimement participé dans le Comité exécutif et dans le gouvernement issu de la Révolution. Ils consacreront toute leur énergie à la défendre et à la développer. Les socialistes français s'en réjouissent passionnément.

En allant ainsi vers ses destinées nouvelles, la Russie a resserré son alliance avec les démocraties occidentales, et elle est entrée dans le grand mouvement qui entraîne vers le progrès des institutions politiques les peuples d'Europe, d'Amérique et d'Asie et qui prépare la Société des Nations.

Le Groupe socialiste au Parlement:

Aldy, Aubriot, Auriol, Barabant, Barthe, Bedouce, Bernard, Betoulle, Blanc, J. Bon, Bouisson, Bouveri, Bracke, Bras, Brenier, Bretin, Briquet, Brizon, Brunet, Buisset, Cabrol, Cachin, Cadenat, Cadot, Camelle, Claussat, Compère-Morel, Constans, Deguise, Dejeante, Doizy, Dumoulin, Durre, Emile Dumas, Fourment, Giray, Goniaux, Goude, Groussier, Guesde, Hubert-Rouger, Jobert, Lafont, Lamendin, de La Porte, Lauche, Laurent, Laval, Lebey, Lecointe, Lefebvre, Levasseur, Lissac, Locquin, Longuet, Manus, Mauger, Mayéras, Melin, Mistral, Morin, Moutet, Nadi, Navarre, Nectoux, Parvy, Philbois, Poncet, Pouzet, Pressemane, Ellen Prevot, Raffin-Dugens, Reboul, Renaudel, Ringuier, Rognon, Rozier, Sabin, Salembier, Sembat, Sixte-Quenin, Thivrier, Thomas, Valette, Valière, Varenne, Veber, Vigne, Voilin, Voillot, Walter.

Retenus dans les régions envahies :

Basly, Delory, Ghesquière, Inghels, Ragheboom, Sorriaux.

LE MESSAGE DE M. WILSON

Résolution de la Commission Administrative permanente

(5 Avril 1917.)

La C. A. P. salue avec une émotion profonde les nobles déclarations du président Wilson dans son Message du 2 avril.

Elle constate qu'au lendemain de la glorieuse Révolution russe, l'entrée des Etats-Unis dans la guerre, sous la provocation persistante de l'Allemagne impériale et militariste, achève de mettre en pleine lumière le sens du grand conflit actuel.

Ainsi le monde, comme le Parti socialiste l'avait déclaré dès le début des hostilités et plus expressément formulé à la quasi-unanimité de ses représentants dans son Congrès national de décembre 1915, se partage dorénavant en deux camps : d'un côté toutes les démocraties combattant pour leur propre sauvegarde et le développement des libertés et garanties internationales, de l'autre, l'autocratie demeurée debout seulement en Allemagne et en Autriche-Hongrie par la passivité des sujets de ces empires.

L'existence indépendante pour chaque nation, petite ou grande, ne peut donc être assurée que si les pays de l'Entente ne succombent pas dans la lutte qu'ils sont obligés de subir et contraignent les empires du Centre à accepter les conditions de la paix durable et juste, telles que le président Wilson vient de les proclamer magnifiquement et telles que la Section française de l'Internationale ouvrière n'a jamais cessé, avant comme depuis la guerre, de les proposer à tous les peuples amis ou ennemis en vue de l'organisation d'une société fraternelle des nations.

Pour la Commission administrative permanente :
Le Secrétaire : Louis DUBREUILH.

LA CONFERENCE DE STOCKHOLM

Décision de la C. A. P.

(27 Avril 1917.)

La C. A. P a décidé, à la majorité, d'adresser au citoyen Camille Huysmans la lettre suivante :

Citoyen Huysmans,

La C. A. P. a reçu la dépêche que vous lui avez adressée et qui est ainsi conçue :

« Délégation hollandaise convoque conférence internationale 15 mai, prévenez Roubanovitch, prière accuser réception.

« Huysmans. »

La C. A. P., exécutrice fidèle des décisions du Parti socialiste français, est obligée de renouveler sa déclaration qu'elle ne reconnaît à « la délégation hollandaise » aucune qualité pour administrer ou parler au nom de l'Internationale. L'ancien comité exécutif dont vous êtes le secrétaire et Vandervelde le président est pour nous seul qualifié à cet égard et nous notons que votre télégramme se contente de transmettre la proposition de la délégation hollandaise.

La C. A. P. constate aussi que la délégation hollandaise convoque une Conférence qui apparaît sans objet comme elle serait sans mandat.

Sans mandat, puisque la convocation en est irrégulière ; sans mandat, puisqu'aucun parti n'a été normalement saisi et consulté, et qu'il ne suffit pas à quelques personnalités de faire un voyage pour s'accorder autorité et rendre valables des résolutions ; sans objet enfin puisqu'on ne connaît même pas l'ordre du jour véritable de la conférence projetée.

Cette dernière circonstance est d'autant plus

fâcheuse que, précédant la convocation, toute une agitation est née à laquelle ont participé des hommes qui, en Allemagne et en Autriche, ont rendu le socialisme complice des gouvernements d'agression. Ces socialdémocrates, vous le savez, ne se sont pas encore, à l'heure où nous écrivons, désolidarisés du crime dont la Belgique a été la première victime. Aujourd'hui, ils tirent de la Révolution russe un espoir de pardon et d'impunité internationale, quand ils devraient y puiser un exemple. Leurs intentions internationales restent suspectes comme étaient suspectes au début de la guerre les démarches de Scheidemann, de Sudekum, de tous ceux qui se firent les agents d'empire.

Ces hommes n'ont pas fait — ils n'ont pas surtout traduit en action — les affirmations qui nous apparaissaient dès 1915 comme préalables à toute possibilité de rencontre avec eux.

Nous disions alors :

« Clairement et sans ambiguïté, la socialdémocratie devra redonner force et vie aux principes dès longtemps fixés par l'Internationale :

« Répudiation de l'impérialisme et des politiques de conquête ;

« Affirmation du droit pour les peuples à disposer d'eux-mêmes et, pour les nationalités ou fractions de nationalités violentées, à fixer elle-mêmes leur statut ;

« Protestation contre les violations du droit international et des neutralités placées sous la garantie de l'Europe ;

« C'est lorsque ces affirmations auront été faites, non seulement comme formule de résolution, mais comme règle vivante d'action contre le gouvernement impérial ;

« C'est seulement lorsque des actes décisifs auront été accomplis par la socialdémocratie ou par la minorité opposante, que la reprise des relations pourra être envisagée ;

« Il ne peut, en effet, aux yeux du Parti socialiste, y avoir d'Internationale sans principes, de socialisme international sans idéal et sans âme. »

La C. A. P. est obligée d'ajouter que des convocations de cet ordre, lancées sans entente préliminaire, lui paraissent engager imprudemment l'action socialiste internationale. Dès le temps de paix, l'Internationale apportait à son fonctionnement plus de méthode et de discrétion. Le temps de guerre, qui n'a pas diminué les difficultés, devrait conseiller à la délégation hollandaise de ne violenter ni les partis ni les événements.

De nouvelles perspectives pour l'action internationale s'ouvrent par l'accroissement des forces du Parti de l'Union du Travail en Allemagne, par la scission définitive de cette fraction avec les social-démocrates impériaux, par la netteté des déclarations dernières lues par Bernstein au Reichstag au nom du groupe nouveau, par la revendication démocratique des masses qui semble se formuler et à laquelle Ledebour a déjà donné pour aboutissement l'expression républicaine.

Ainsi se réalisent de plus en plus les conditions dans lesquelles l'action internationale reprendra son cours, pour servir à la fois l'indépendance des nations, le progrès de l'émancipation prolétarienne et la paix organisée du monde.

Le Parti socialiste français n'oubliera pas sur ce point les engagements qu'il n'a pas cessé de proclamer dans ses Congrès et Conseils nationaux depuis la guerre, et au sujet desquels pourront être envisagées les mesures que vont conseiller les circonstances.

Quant à une Conférence internationale avec Scheidemann et ceux qui pensent comme lui, elle leur rendrait, à notre sens, une autorité morale qu'ils perdent chaque jour en face de ceux qui se sont séparés d'eux. Elle affaiblirait donc la vitalité, la netteté, la fidélité aux principes de l'Internationale reconstituée.

Dans ces conditions, une conférence comme celle qui s'organise à Stockholm risquerait tout au plus de servir des tentatives de paix séparée.

Ce n'est ni à l'heure où le gouvernement allemand refuse à nouveau de faire connaître ses buts de guerre, ni à l'heure où la Russie se réorganise pour une liberté qu'elle saura défendre contre l'ennemi de l'extérieur, comme elle l'a conquise contre celui de l'intérieur, ni à l'heure où les Etats-Unis ont jeté dans la balance le poids de leur loyauté, de leur volonté de paix générale et durable, basée sur les droits des peuples, que le Parti socialiste français pourrait faire le jeu d'une telle intention.

Aucun membre du Parti socialiste français ne recevra donc mandat pour se rendre à Stockholm le 15 mai.

Pour la Commission administrative permanente :

Le Secrétaire : Louis DUBREUILH.

LE 1ᵉʳ MAI 1917

Manifeste de la C. A. P.

(1ᵉʳ Mai 1917.)

Cette année, comme les années précédentes, la C. A. P. engage les adhérents du Parti, membres des syndicats, à s'associer, aujourd'hui 1ᵉʳ mai, aux manifestations organisées par les groupements économiques relevant de la Confédération Générale du Travail et auxquels ils appartiennent.

A l'occasion du 1ᵉʳ mai 1917, nous redirons à nos camarades ce que nous leur disions déjà à l'occasion du 1ᵉʳ mai 1916 et du 1ᵉʳ mai 1915 et que voici : La crise terrible que le prolétariat traverse en ces jours, avec l'ensemble de la nation, ne saurait lui faire perdre de vue les buts permanents de sa propagande et de son action. Dans la guerre il demeure ce qu'il était dans la paix, la classe expropriée et mineure dont les aspirations tendent vers un régime de pleine et entière justice sociale.

Il se doit donc d'affirmer aujourd'hui comme hier

ses revendications essentielles. S'il consent à l'heure présente à la patrie attaquée et envahie des sacrifices exceptionnels, parce que tel est son devoir, il convient cependant qu'il se rappelle à lui-même et qu'il rappelle à tous que la réduction de la journée de travail à 8 heures reste à ses yeux le symbole d'un affranchissement partiel, gage d'un affranchissement total.

A cette date, il convient aussi qu'il se remémore que c'est par un effort mené non seulement dans son propre pays, mais d'accord avec les prolétariats de l'extérieur de tous les pays, que la journée de 8 heures, ainsi du reste que toute législation améliorée du travail, pourront devenir une réalité bienfaisante. D'une façon plus générale, il convient qu'il se remémore encore que tous les progrès dans l'ordre politique comme dans l'ordre économique ne seront vraiment efficaces et garantis que dans et par l'entente des nations et de leurs travailleurs. La paix elle-même, la paix juste et stable de l'Europe et du monde, ne sera assurée qu'à cette condition.

C'est cette paix qui se laisse maintenant entrevoir. C'est cette paix que bientôt, avec leur pays et ses alliés, auront conquise par leur héroïque effort ou leur labeur acharné ceux de nos camarades travailleurs qui luttent aux tranchées dans les armées de la République et ceux qui, à l'arrière, dans l'atelier et l'usine, leur procurent les armes indispensables au combat. Par la Révolution russe, par l'entrée des Etats-Unis dans la guerre, par les mouvements populaires qui commencent à secouer l'Allemagne, la catastrophe qu'ont déchaînée les dirigeants des Empires Centraux tend à sa fin logique : la défaite et la ruine de ces dirigeants. Les dernières autocraties vont tomber et dans un monde plus libre, les prolétaires, tous citoyens égaux des patries démocratisées et affranchies, pourront reprendre dans une Internationale régénérée l'action parallèle en vue de leur commune libération.

C'est avec cette espérance au cœur que les travailleurs de France salueront le 1ᵉʳ Mai 1917.

Pour la Commission administrative permanente du Parti socialiste :

Le Secrétaire : LOUIS DUBREUILH.

LA CONFÉRENCE DE STOCKHOLM

I

Résolution votée à l'unanimité par le Conseil National (1).

(29 *Mai* 1917.)

Le Conseil national, saisi d'une part par le Bureau socialiste international de la convocation aux réunions de Stockholm et d'autre part par les citoyens Cachin et Moutet d'une initiative de la Révolution russe tendant à provoquer une réunion plénière de l'Internationale ;

Se félicite de ce que ces efforts concourent au même but ;

Accueille l'initiative des camarades russes, s'y associe pleinement et se joint à eux pour demander la réunion de l'Internationale ;

Décide en même temps l'envoi d'une délégation à

---

1. *Pour une compréhension exacte d'un événement à l'autre, nous donnons le texte de la résolution que la majorité du Parti soumettait à l'approbation du Conseil National et qu'elle retira en face du texte d'accord qui fut voté :*

Proposition de Résolution

Le Conseil National confirme la résolution prise par la C. A. P. de ne donner mandat à aucun socialiste français de représenter le Parti à Stockholm.

Il constate que, de l'aveu même de l'un des convocateurs, le citoyen Troelstra, la conférence de Stockholm est irrégulièrement réunie, puisqu'on a passé volontairement par-dessus le Comité exécutif du Bureau Socialiste International, dont le président Vandervelde et le secrétaire Huysmans ont seuls qualité pour convoquer. L'absence d'un ordre du jour précis et sans pièges, le défaut d'observation des conditions de représentation

Stockholm apportant dans les conférences préparatoires les vues de la Section française pour une action commune destinée à préparer la paix selon les principes formulés par le gouvernement révolutionnaire et les socialistes de Russie ;

Mandate également la délégation pour qu'elle s'entende avec ces derniers relativement à la réunion de l'Internationale demandée par eux.

---

sont aussi de nature à soulever les critiques les plus justifiées et les malentendus les plus suspects.

Le Conseil National considère, en outre, qu'une réunion de l'Internationale, même régulièrement convoquée, ne peut avoir d'efficacité réelle — et ne vaut, par conséquent, d'être envisagée — qui si les sections qui doivent y participer ont, par avance, fait connaître leur résolution de définir les principes qui permettront une action commune.

L'Internationale, avant la guerre, s'était fixée des règles d'action. Chaque section nationale avait alors le droit de compter qu'à l'heure où un conflit international éclaterait, les sections voisines pèseraient la responsabilité encourue par chaque gouvernement, et que résolument l'Internationale toute entière se tournerait contre les gouvernements agresseurs.

L'agression a été formidable et rapide.

En quarante-huit heures, l'Autriche se jetait sur la Serbie, qui avait pourtant accepté l'ultimatum autrichien, sauf sur deux points, pour lesquels elle proposait l'arbitrage de La Haye ; en vingt-quatre heures, après avoir repoussé, elle aussi, toutes offres de médiation et d'entente, l'Allemagne se précipitait à travers le pays belge, dont elle violait la neutralité, garantie par un traité international signé par elle.

L'agression était ainsi caractérisée.

Cependant, les socialistes dont les pays n'étaient pas directement engagés dans le conflit, n'ont fait entendre que tardivement, faiblement, la protestation indignée du droit que l'idéal du socialisme international devait dicter à tous.

Cependant, dans les pays des gouvernements agresseurs, en Allemagne, en Autriche, les socialistes, ou se taisaient par discipline intérieure, ou même s'associaient à fond à la politique guerrière, à l'agression par conséquent.

L'Internationale n'a donc pas seulement été impuissante à empêcher la guerre. Elle a fléchi. Sa flamme s'est voilée. Les yeux se sont en vain tournés vers cette Socialdémocratie allemande qui, depuis des années, paraissait inspirer de si haut le mouvement socialiste.

II

Décision de la C. A. P.

(31 Mai 1917.)

La Commission administrative permanente du Parti socialiste s'est réunie hier soir.

Elle a, d'une part, nommé la Commission chargée d'examiner la réponse à faire au questionnaire préparé par la Délégation hollando-scandinave de Stockholm. Cette Commission sera composée des 23 membres de la C. A. P. auxquels seront adjoints 20 membres choisis par elle.

Elle a, d'autre part, désigné les citoyens Jean Longuet et Pierre Renaudel pour se rendre à Pétrograd et s'entendre avec le *Soviet* sur les conditions de la Conférence internationale projetée. Ces camarades s'arrêteront à Stockholm pour causer avec Branting et la délégation hollando-scandinave sur le questionnaire établi, et participer ainsi aux conférences préliminaires séparées qui se poursuivent dans la capitale suédoise.

La Commission d'examen du questionnaire se réunira mardi prochain.

Il faut, maintenant, que l'Internationale se redresse. Il faut qu'elle parle.

On lui demande d'examiner la paix possible ?

Comment déterminerait-elle les conditions d'une paix juste, si le courage et la clairvoyance lui manquent pour fouiller l'abcès, pour chercher et flétrir les coupables, gouvernants ou socialistes ?

La scission qui s'est produite enfin au sein du socialisme allemand rend à l'Internationale un point d'appui qui lui manquait.

Hors de cette condition préalable, les socialistes français avaient pensé qu'une prudence avertie conseillait à l'Internationale de reporter l'heure de son examen de conscience au moment où les nations elles-mêmes reconquerraient par la paix un peu de sérénité.

La scission allemande est un fait nouveau.

Entre les socialdémocrates, Scheidemann, Sudekum, Legien, Heine, etc., complices permanents des deux Empires, et ceux qui tentent de sauver l'honneur du socialisme allemand, l'Internationale peut choisir. Elle le doit.

SUR UN VOTE DE CRÉDITS

Déclaration du Groupe Socialiste au Parlement

(15 *Juin* 1917.)

En votant les crédits nécessaires à la Défense nationale, nécessaires pour assurer la vie de la nation combattant à l'avant comme de la nation travaillant à l'arrière, le Parti socialiste renouvelle ses déclarations antérieures.

Le Parti socialiste considère qu'il pourrait ici formuler de nombreuses critiques — il en élève du reste au jour le jour — sur la façon dont les ressources de la France sont employées.

La vie des soldats qu'elles servent à alimenter mériterait particulièrement un examen. Il sera fait bientôt et plus amplement.

Les socialistes français déclarent donc :

Sous les conditions que la convention des éléments de l'Internationale sera faite régulièrement, que l'ordre du jour sera constitué exclusivement par la recherche et le jugement sur les responsabilités des gouvernements et des partis socialistes aux origines de la guerre, le Parti socialiste accepte de participer à une prochaine réunion internationale.

Les responsabilités encourues dans le déchaînement brusque de la guerre par l'Allemagne et l'Autriche, qui se sont refusées aux médiations et aux arbitrages, devront être fixées, et ces gouvernements devront être déclarés ennemis de l'Internationale toute entière.

Ceux des socialistes allemands et autrichiens qui se sont faits et continuent à se faire les complices des gouvernements criminels doivent être jugés par l'Internationale et rejetés de son sein.

L'Internationale, enfin, devra dire que l'établissement du suffrage universel, de la démocratie parlementaire, de la responsabilité des gouvernants devant les peuples gouvernés, constitue la garantie première d'une paix durable, basée sur l'organisation juridique de la Société des Nations.

Nous voulons dire cependant que la nation armée comporte, à côté du judicieux et prévoyant emploi des ressources du pays, la nécessité de traiter les soldats comme des hommes, si on veut garder le droit de les louer comme des héros.

La discipline, qui fait la force des armées, doit s'appliquer à tous, officiers ou soldats, avec la même équité inflexible. Les rigueurs d'un code de mort ne sauraient frapper des défaillances d'un jour chez les plus humbles, si elles ne montent jusqu'aux incapacités ou aux responsabilités dans les rangs les plus hauts. C'est ainsi seulement que la fraternité d'âme continuera de soulever nos armées.

De même, par les permissions largement accordées, comme l'a voulu le Parlement, c'est un échange de forces morales qui doit se faire du front à l'arrière et de l'arrière au front, sans lequel les courages les mieux trempés risqueraient de s'amollir. Un peu de clairvoyance gouvernementale suffira pour résoudre ce problème, et le Parti socialiste ne trouverait pas là de raisons suffisantes pour refuser le vote des crédits.

Aujourd'hui comme hier, le Parti socialiste s'associe à l'effort continué avec le concours des peuples alliés pour la délivrance des régions envahies du Nord de la France et de la Belgique, pour la réparation du droit de l'Alsace-Lorraine violé en 1871, pour la restauration politique et économique des petites nations ou fractions de nations opprimées, pour obtenir enfin des empires centraux que soit

---

L'Internationale devra donc proclamer qu'à l'exemple de la Russie, l'Allemagne impérialiste doit faire place à une Allemagne démocratique, pourvue d'un régime de liberté. L'Internationale fera donc, de cette nécessité de la Révolution allemande, une obligation à ceux des socialistes allemands qui veulent rester fidèles aux principes de l'action socialiste.

Pour que le socialisme international se trouve placé devant la plénitude de son devoir et de sa responsabilité, pour qu'il reprenne toute sa place morale dans le monde, pour que de la purification il sorte plus fort, plus ardent, plus vivant, LE PARTI SOCIALISTE DÉPOSE DEVANT L'INTERNATIONALE UNE DEMANDE DE MISE EN ACCUSATION DES REPRÉSENTANTS COUPABLES ET FÉLONS DU SOCIALISME AUTRICHIEN ET ALLEMAND.

conclue une paix basée sur la justice internationale et sur le droit des peuples à disposer d'eux-mêmes.

En proclamant avec la Révolution russe qu'il veut une paix sans annexions, sans contributions, mais donnant aux peuples cette libre disposition d'eux-mêmes sans laquelle il ne peut y avoir de paix durable ; en proclamant avec les Etats-Unis la nécessité de constituer la Société des Nations qui organisera et maintiendra l'équilibre pacifique d'une humanité régénérée, le Parti socialiste affirme sa volonté d'agir sur les gouvernements alliés pour qu'ils conforment à ces principes toute leur action de guerre et de diplomatie.

Ainsi sera donnée à tous nos soldats la certitude que la guerre, de même qu'elle a été ouverte par l'agression des empires centraux, n'est prolongée encore que par leur silence sur les buts de guerre qu'ils se proposent d'atteindre.

Ainsi sera mise en pleine évidence cette idée qu'en refoulant révolutionnairement les forces de réaction et d'autocratie qui s'opposent à la liberté intérieure des peuples, comme elles s'opposent à une paix dont les conditions seront dictées par la seule justice, les prolétaires des empires centraux rendront immédiate la possibilité de la paix.

Le Parti socialiste proclame à nouveau que tous les peuples ont droit à leur libre développement politique et économique, sous la seule condition de ne menacer ni d'affaiblir celui des autres peuples ; et c'est à ces principes que, fraction de la représentation nationale et de la souveraineté populaire, le Parti socialiste demandera, sans se lasser, à notre gouvernement de rester attaché, même si dans une autre assemblée ces principes paraissent encore méconnus.

Le Parti socialiste enregistre à cet égard les promesses du gouvernement de publier les documents ayant trait à l'alliance franco-russe, de reviser comme le lui a demandé le gouvernement révolutionnaire russe les conventions ayant trait aux buts de guerre des Alliés et de répudier ainsi les méthodes de la diplomatie secrète irresponsable ; de mettre enfin à l'étude avec ses alliés les principes de la Société des Nations, afin d'en faire les bases mêmes de la paix.

Le Parti socialiste affirme encore qu'il est de son droit, de son devoir immédiat même, de rechercher avec les socialistes des autres pays, avec ceux qui accepteront sans réserve et sans détour les principes de la paix juste, organisée et durable que nous venons de définir, les moyens d'amener les gouvernés à imposer leur volonté aux gouvernants, suivant l'expression de M. Wilson.

S'il se trouve des gouvernements de proie, pour prétendre chercher dans des conquêtes de colonies lointaines des satisfactions d'appétits économiques ou d'ambitions dynastiques, ou pour prétendre trouver dans des annexions stratégiques, germes redoutables de conflit nouveau, des garanties que seules peuvent donner l'organisation juridique du monde et les sanctions internationales qu'elle comportera contre les violateurs des traités, le socialisme international ne pourrait pas hésiter à les démasquer.

Convaincu que la France n'a rien à redouter d'une telle confrontation, le Parti socialiste français qui veut, suivant l'immortelle parole de Jaurès, « lier sans cesse la libération des prolétaires à la paix de l'humanité et à la liberté des patries », qui déclare comme lui que « l'organisation de la défense nationale et l'organisation de la paix internationale sont solidaires », regrette donc que le gouvernement de la France n'ait pas encore jugé pouvoir faire confiance au patriotisme des délégués du socialisme. Il regrette cette attitude pour la Russie révolutionnaire qui pourrait à bon droit se plaindre et pour la France elle-même, qui n'a pas à redouter les effets d'une telle décision sur la fermeté d'âme de ses armées, mais dont le renom de liberté est ainsi atteint au dehors.

Mais parce qu'il n'est au pouvoir de personne de nous rejeter au-dessous des préjugés et des craintes aveugles, parce que la Défense nationale est placée par nous au-dessus des décisions transitoires, dictées par des préoccupations de politique étroite et restreinte plus que par la véritable sagesse, nous, socialistes, nous voterons les crédits nécessaires à la Défense nationale.

Le Groupe socialiste au Parlement :

Aldy, Aubriot, Auriol, Barabant, Barthe, Bedouce, Bernard, Betoulle, J. Bon, Bouisson, Bouvei, Bracke, Bras, Brenier, Bretin, Brunet, Buisset, Cabrol, Cachin, Cadenat, Cadot, Camelle, Claussat, Compère-Morel, Constans, Deguise, Dejeante, Dois, Dumoulin, Durre, Emile Dumas, Fourment, Giray, Goniaux, Goude, Groussier, Guesde, Hubert-Rouger, Jobert, Lamendin, de La Porte, Lauche, Laurent, Laval, Lebey, Lecointe, Lefebvre, Levasseur, Lissac, Locquin, Longuet, Manus, Mauger, Mayéras, Mélin, Mistral, Morin, Moutet, Nadi, Navarre, Nectoux, Parvy, Philbois, Poncet, Pouzet, Pressemane, Ellen Prévot, Reboul, Renaudel, Ringuier, Rognon, Rozier, Sabin, Salembier, Sembat, Sixte-Quenin, Thivrier, Valette, Valière, Varenne, Veber, Vigne, Voilin, Voillot, Walter.

Retenus dans les régions envahies :

Basly, Delory, Ghesquière, Inghels, Ragheboom, Sorriaux.

LA CONFÉRENCE DE STOCKHOLM

I

Lettre du Parti Socialiste Français au Soviet

(25 *Juin* 1917.)

Kerensky, Skobelev, Tseretelli, ministres à Pétrograd, pour être transmis au Soviet :

La Commission administrative permanente du Parti socialiste français vous transmet, avec un retard qui n'est pas son fait et pour le cas où vous ne l'auriez pas connu par la presse, le texte exact de la résolution prise par le Conseil national du 28 mai :

« Le Conseil national, saisi d'une part par le Bureau socialiste international de la convocation aux réunions de Stockholm et, d'autre part, par les citoyens Cachin et Moutet d'une initiative de la Révolution russe tendant à provoquer une réunion plénière de l'Internationale ;

« Se félicite de ce que ces efforts concourent au même but ;

« Accueille l'initiative des camarades russes, s'y associe pleinement et se joint à eux pour demander la réunion de l'Internationale ;

« Décide en même temps l'envoi d'une délégation à Stockholm apportant dans les conférences préparatoires les vues de la Section française pour une action commune destinée à préparer la paix selon les principes formulés par le gouvernement révolutionnaire et les socialistes de Russie ;

« Mandate également la délégation pour qu'elle s'entende avec ces derniers relativement à la réunion de l'Internationale demandée par eux. »

Comme suite à cette résolution, le Conseil national a désigné une Commission spéciale pour étudier les termes de la réponse à faire au questionnaire de la Délégation hollando-scandinave, cette réponse devant dans son esprit contenir l'examen des conditions et principes généraux destinés à former la base de convocation d'une Conférence internationale, et qui comprennent du reste au premier chef : Paix sans annexions ni contributions, droit des peuples à disposer d'eux-mêmes.

La Commission administrative permanente a d'autre part désigné les camarades Jean Longuet et Pierre Renaudel pour entrer en rapport avec le Soviet, lui soumettre l'avis du Parti socialiste français sur les conditions d'admission à la Conférence internationale et sur son ordre du jour.

Depuis, au sujet d'une conférence internationale générale et non pas au sujet de réunions préliminaires séparées, des incidents politiques se sont produits dans nos deux Chambres, à la suite desquels le gouvernement a déclaré ceci : « Nous donnerons des passeports pour Pétrograd lorsque la question du Congrès de Stockholm aura été écartée et lorsque ceux qui se rendront à Pétrograd ne courront pas le risque de rencontrer malgré eux les Allemands. » Cette position du problème est examinée par notre groupe parlementaire socialiste.

Mais en attendant nous devons indiquer à nos camarades du Soviet qu'il ne nous paraît pas possible de maintenir au 27 juin-7 juillet la date de la conférence internationale.

Il nous paraît d'autre part indispensable que l'entente préliminaire soit faite entre les socialistes russes et les socialistes français, sur les conditions et l'ordre du jour de cette conférence, conformément à la décision du Conseil national.

Les conditions, qui ont été discutées par la Section des affaires étrangères du Soviet et le Soviet lui-même avec nos camarades Albert Thomas, Cachin, Moutet, nous paraissent devoir être précisées par écrit. D'autre part, il sera nécessaire de régulariser les convocations à la conférence de façon que ne puisse être admise aucune fraction socialiste n'ayant pas d'existence réelle. Nous aurons sur ce point à nous entendre avec le secrétariat du B. S. I. C'est sur ces choses que nos camarades Longuet et Renaudel sont prêts en notre nom à s'entretenir avec vous pour aboutir à réaliser notre dessein commun. Ils partiront dès que les difficultés matérielles du voyage seront vaincues. Nous vous demandons de n'arrêter aucune mesure définitive avant que nos camarades aient pris contact avec vous.

Pour la Commission administrative permanente du Parti socialiste français :

Le secrétaire : Louis DUBREUILH.

II

Trois Télégrammes du Parti Socialiste Français

(19 *Juillet* 1917.)

La Commission nommée mercredi par la C. A. P. et le Groupe socialiste, et composée des citoyens Cachin, Longuet, Mistral, Moutet, Renaudel, Valière, auxquels étaient adjoints Albert Thomas et Louis Dubreuilh s'est réunie le 19 Juillet. Elle a décidé, comme première mesure, l'envoi des trois télégrammes suivants :

I

Délégués Soviet russe, actuellement à Londres, aux bons soins ambassade russe, London.

« Nous avons été saisis seulement hier par une communication des agences de la convocation nouvelle de la Conférence internationale. Cette convocation réclame des éclaircissements nécessaires avec vous. Nous voudrions vous voir le plus tôt possible à Paris. Faites nous connaître la date de votre arrivée, afin que nous puissions préparer les entrevues avec notre Parti et l'organisation syndicale. Nous demandons aux camarades anglais de désigner quelques membres pour se joindre à vous, afin d'arrêter en commun toutes les mesures utiles. »

Louis DUBREUILH,
Secrétaire du Parti socialiste, Paris.

II

Middleton, Labour Party, London.

« Nous demandons télégraphiquement aux délégués russes, en ce moment à Londres, de presser leur voyage à Paris pour examiner avec nous la convocation nouvelle de la Conférence internationale. Nous serions heureux si quelques délégués anglais pouvaient les accompagner. Il est urgent que nous arrêtions ensemble les mesures utiles qui résulteront des éclaircissements que vont nous donner nos camarades russes. Nous profiterions de votre présence pour parler avec vous de votre projet de Conférence des socialistes interalliés. Nous ne voyons pas d'inconvénients à cette Conférence, sous la seule condition qu'elle ne retardera pas la réunion de la Conférence générale quand toutes les conditions de celle-ci seront définitivement fixées. Prière de communiquer aux diverses organisations socialistes et syndicales anglaises. »

Louis DUBREUILH,
Secrétaire du Parti socialiste, Paris.

III

Camille Huysmans et Branting, à Stockholm.

« Nous serions heureux d'avoir des éclaircissements sur les raisons qui ont fait accepter par le B. S. I. et par la délégation hollando-scandinave pour la Conférence internationale une convocation qui n'est pas faite exclusivement sur les bases de constitution de l'Internationale. Selon nous, le Bureau socialiste international, avec l'aide de la délégation hollando-scandinave, est seul qualifié pour donner son concours, même simplement technique, à l'organisation de la Conférence. Ceci implique que les organismes convoqués le sont dans le cadre de l'Internationale existant au moment de la déclaration de guerre, les partis étant convoqués d'ailleurs aussi bien dans leurs majorités que dans leurs minorités, même si celles-ci se sont constituées en partis indépendants ou même si des réserves formelles sont faites sur l'attitude de quelques-unes d'entre elles. C'est le Bureau socialiste international qui peut, seul, être chargé de ces convocations pour leur donner pleine régularité. Il est impossible de reconnaître à côté de lui une autre puissance socialiste comme régulièrement constituée, sous peine de déclarer dissoute dans son unité l'Internationale. La Commission de Berne n'a donc ni à être représentée comme telle ni à être consultée séparément, les organisations qui y adhèrent étant au surplus adhérentes au Bureau socialiste international.

» Nous nous proposons de soumettre ces réflexions à la délégation russe qui viendra prochainement à Paris. Nous nous proposons aussi de demander des éclaircissements sur le mode de représentation, ainsi que sur l'ordre du jour de la Conférence. Nous enverrons prochainement notre réponse à votre questionnaire. Nous demandons aux socialistes anglais qui proposent une réunion des socialistes alliés de venir s'entendre également avec nous. Nous adhérons à leur projet, sous réserve que la date de la Conférence générale ne s'en trouvera pas retardée quand l'accord définitif sera fait entre tous sur celle-ci. »

Louis DUBREUILH,
Secrétaire du Parti socialiste, Paris.

LA RÉVOLUTION RUSSE

Salut de la C. A. P.

(25 Juillet 1917.)

La C. A. P. du Parti socialiste (S. F. I. O.) adresse au nouveau gouvernement révolutionnaire de la République russe l'expression de son ardente sympathie. Elle est fière de constater que, pour la première fois, dans une grande nation moderne, le socialisme a pris, avec Kerensky et les autres délégués du Soviet, la direction de la politique nationale. C'est le juste couronnement de l'effort des ouvriers, des paysans et des intellectuels qui ont, pendant quarante ans, mené avec un incomparable héroïsme la lutte contre le despotisme des tsars.

Au milieu des difficultés effroyables qui lui sont créées par la guerre et la crise politique et économique, elle adjure tous les socialistes russes, sans distinction de nuances, de se grouper autour du gouvernement et des Soviets, dont l'union peut seule sauver la Révolution et hâter la conclusion de la paix juste et durable, fondée sur le droit des peuples à disposer d'eux-mêmes et garantie par la Société des nations.

Albert Thomas, Beuchard, Bracke, Camélinat, Delépine, Dormoy, Dubreuilh, Gérard, Givort, Goude, Gourdeaux, Granvallet, Guesde, Héliès, Gaston Lévy, Jean Longuet, Mistral, Moutet, Paul-Louis Poisson, Renaudel, Sellier, Sembat, Verfeuil.

Braemer, Fiancette, Lebas, Le Troquer, Morizet, Séverac, Uhry, suppléants.

LA CONFÉRENCE DE STOCKHOLM

Résolutions adoptées par la C. A. P. et les Délégués Russes et Anglais

(31 *Juillet* 1917)

La Conférence Internationale

I

La présente Conférence exprime sa cordiale approbation de l'initiative prise par le Soviet, appuyée par la délégation hollando-scandinave et ayant abouti à l'invitation commune des deux organisations pour convoquer le prolétariat de toutes les nations à une Conférence socialiste et ouvrière internationale.

II

Le Bureau d'organisation, composé de la délégation russe et du Comité hollando-scandinave, avec le concours technique du secrétariat du Bureau socialiste international, est seul chargé des rapports avec les sections nationales en vue de la Conférence.

III

Toutes les organisations affiliées à l'Internationale sont invitées à participer à la Conférence. Lorsque, depuis le début de la guerre, ces organisations se sont divisées, les minorités aussi bien que les majorités doivent être invitées, partout où ces minorités se sont groupées en partis distincts.

IV

Les organisations syndicales non affiliées au B. S. I., mais affiliées au Bureau syndical international, doivent être invitées, pourvu qu'elles ne soient pas déjà représentées par d'autres organisations affiliées au B. S. I.

V

Les invitations à chaque fraction de section nationale doivent être lancées par le Bureau d'organisation par l'intermédiaire des sections nationales de l'Internationale, et toute protestation contre les décisions de ces sections sera portée devant un bureau élu par chaque section nationale présente à la Conférence, à raison de deux délégués pour chacune, représentant les majorités et les minorités.

VI

Le sort et l'action de l'Internationale étant liés à la loyauté qui sera apportée à l'observation des résolutions prises, les sections nationales qui participeront à la Conférence s'engagent, lorsque les décisions générales auront été formulées, à faire connaître solennellement devant l'Internationale réunie quelle application elles comptent faire de ces décisions.

VII

La présente réunion demande aux organisateurs de la Conférence que celle-ci ait lieu à Stockholm, du 9 au 16 septembre. Si quelque difficulté pratique s'y oppose, les organisateurs seront priés de convoquer la Conférence à Christiania ou ailleurs aux dates indiquées.

La Conférence Interalliée

La réunion des délégués de la C. A. P. et des délégués russe et anglais décide, sur la proposition des délégués anglais, de tenir à Londres une conférence interalliée.

La date de cette conférence est fixée aux 28 et 29 août.

LA PARTICIPATION MINISTÉRIELLE

Résolution votée par le Groupe Socialiste au Parlement

(3 Août 1917.)

Le groupe socialiste prend acte des déclarations d'Albert Thomas sur sa participation au gouvernement.

Maintenant ses décisions antérieures, le Groupe charge sa Commission politique d'appliquer les décisions de son Conseil National et de préciser, en accord avec Albert Thomas, la politique d'action qu'il entend suivre désormais et que réclame l'intérêt de la Défense Nationale.

LA DEUXIÈME CONFÉRENCE SOCIALISTE INTERALLIÉE

Déclaration de la majorité

(2 Septembre 1917.)

Une seconde conférence socialiste interalliée s'est réunie à Londres les 28 et 29 août 1917. Cette conférence n'a pu, faute de temps, arriver à se mettre d'accord sur une résolution commune, et s'est séparée sans s'être prononcée sur aucun texte. Seuls, les délégués représentant la majorité rédigèrent et publièrent une déclaration que nous croyons utile de reproduire ici, bien qu'elle ne constitue pas un document officiel du parti.

Après trois années de guerre, les socialistes des pays alliés qui signent ce manifeste affirment leur foi entière et inébranlée dans les principes et les idées qu'ils ont proclamés lors de leur première réunion.

Aujourd'hui comme à la conférence de Londres, en février 1915, ils rappellent que, si le conflit européen a eu son origine lointaine dans les antagonismes qui déchirent la société capitaliste, dans la politique d'impérialisme que le socialisme international a toujours combattue, l'agression délibérée de l'Allemagne contre ses voisins menace encore l'existence des nationalités et a porté atteinte à la foi des traités.

Plus que jamais, après l'expérience directe de trois années de guerre, ils affirment que la victoire de l'impérialisme allemand serait la défaite et l'écrasement de la démocratie et de la liberté dans le monde.

La Révolution Russe, qui a su, en pleine guerre, briser l'impérialisme tsariste, n'a pas encore réussi, par son exemple, à susciter contre le militarisme des empires centraux les énergies populaires. Elle doit, au contraire, à l'heure actuelle, se défendre contre l'agression renouvelée des tsars de Vienne et de Berlin. La grande démocratie américaine, dont le président a formulé la nécessité inéluctable d'une Société des Nations, a dû à son tour entrer dans la lutte pour imposer à la volonté de domination brutale des empires centraux la reconnaissance du droit.

C'est pour abattre définitivement la puissance mauvaise de ces impérialismes que les nations alliées doivent, tout à la fois, poursuivre avec vigueur leur effort militaire et marquer en pleine clarté quels sont leurs buts de guerre, quelles sont les conditions d'une paix stable fondée sur le droit, telle que doit la concevoir l'Internationale socialiste, et telle que le peuple allemand libéré doit lui-même la vouloir.

Cette paix, les socialistes en trouvent la possibilité et la garantie première dans l'application des principes affirmés par la Révolution russe.

Mais la formule russe mérite d'être précisée et complétée. *Paix sans contribution* ne saurait exclure le droit à la juste réparation des dommages. *Paix sans annexion* ne saurait exclure la désannexion des territoires conquis par la force. *Et le droit qu'ont les peuples de disposer d'eux-mêmes*, exprimé dans les cas litigieux par la consultation populaire sur des bases sincères, ne peut être pleinement garanti que par la Société des Nations, c'est-à-dire par toutes les Nations du monde, solidaires dans l'organisation du droit international, solidaires pour le faire respecter et le maintenir, solidaires pour agir contre les gouvernements capables de violer les engagements pris et la foi des traités.

C'est en s'inspirant de ces principes fondamentaux que les partis socialistes ont cherché dans leurs « Memoranda » à résoudre tous les grands problèmes que la guerre a posés dans le monde. C'est notamment au nom de ces principes qu'ils veulent que la Belgique, rendue à elle-même, trouve la pleine et entière réparation de la violation de sa neutralité ; que la Serbie et la Roumanie soient rétablies dans leur indépendance et dans leur vie économique ; que la question de la Pologne soit résolue conformément à la volonté du peuple polonais par la restauration complète d'une Pologne une et indépendante. C'est au nom de ces principes enfin qu'ils veulent que, dans toute l'Europe, de l'Alsace-Lorraine aux Balkans, les populations annexées, les terres irrédentes, comme celles du Trentin et Trieste, rentrent dans les unités nationales dont elles ont été arrachées ou auxquelles elles aspirent appartenir.

Fidèles aux plus sûres traditions de la démocratie socialiste internationale, stimulés par le magnifique exemple de la Russie nouvelle qui a répudié solennellement les ambitions du tsarisme, guidés par les claires affirmations de la République américaine, avertis par certaines tentatives de diplomatie secrète qu'ils ont déjà su réfréner, les socialistes des pays alliés considèrent comme leur devoir essentiel de combattre chez eux-mêmes toutes velléités de transformer une guerre de défense, une guerre de droit, en une guerre de conquête qui créerait de nouveaux griefs, qui préparerait de nouveaux conflits et livrerait plus que jamais les peuples au double fléau des armements et de la guerre.

Ils tiennent encore à déclarer leur conviction profonde que la paix qu'ils veulent, la paix juste et durable n'est pas possible tant que les peuples ne jouiront pas des institutions démocratiques propres à la garantir contre les ambitions dynastiques, contre les desseins d'hégémonie politique ou économique de certaines castes ou classes dirigeantes, et à permettre entre nations démocratiquement égales la loyauté publique des peuples substituée à l'équivoque secrète des diplomaties gouvernementales.

Ils sont convaincus que les peuples d'Allemagne et d'Autriche-Hongrie ne peuvent escompter la volonté de paix des peuples alliés s'ils ne substituent pas à leurs gouvernements responsables de la guerre un régime de démocratie qui enregistrera la défaite du militarisme et de ses procédés. La défaite du militarisme prussien peut venir du dedans comme du dehors. Les peuples d'Allemagne et d'Autriche-Hongrie se sauveront eux-mêmes si, établissant les responsabilités des gouvernements impériaux, ils libèrent les nations alliées de la nécessité d'imposer la paix durable par la seule force des armes.

Les socialistes signataires adressent leur salut

aux socialistes minoritaires d'Allemagne. Ils déclarent que, lorsque l'Allemagne, abattant la domination de ses maîtres et châtiant leur crime, entrera en démocratie, donnant ainsi le gage d'une bonne foi que ne peut plus représenter le gouvernement impérial, les socialistes du monde entier auront le devoir d'agir pour que les gouvernements alliés n'écrasent pas en Allemagne la démocratie naissante.

Les volontés de la Russie révolutionnaire ne peuvent être douteuses en cette matière. M. Lloyd George, M. Ribot, M. Wilson ont aussi, à cet égard, sinon pris des engagements, du moins défini des intentions. On peut penser que tous les gouvernements alliés ont aussi sur ce point la même opinion. En tout cas, les partis socialistes de l'Entente se portent garants des actes qu'ils accompliraient si ces intentions n'étaient pas suivies d'effet.

Telle est la paix pour laquelle les soldats socialistes des pays alliés luttent dans les tranchées et consentent quotidiennement le sacrifice de leur vie, conscients qu'ils sont de lutter pour une cause juste. Telle est la paix qui est proposée aux prolétariats dont les souffrances ne doivent pas être prolongées pour des intérêts injustes, mais qui doivent, pour sauvegarder leur indépendance et leur vie, consentir encore les sacrifices qui peuvent être nécessaires.

Les socialistes des pays alliés ont conscience d'exprimer la volonté commune des peuples en voulant que cette guerre soit la dernière des guerres.

Mais ils rappellent à tous leurs Partis que ce but ne peut être atteint que si les socialistes demeurés fidèles aux principes de l'Internationale travaillent également dans tous les domaines : militaire, politique, diplomatique, pour assurer dans la Fédération pacifique des Etats-Unis de l'Europe et du monde la liberté des peuples, l'unité, l'indépendance et l'autonomie des nations.

Telles sont les idées de ceux qui signent ce manifeste, qu'ils soient ou non partisans de se rendre à une conférence internationale.

C'est en ce sens que ceux des socialistes alliés qui ont particulièrement déclaré être partisans d'une conférence générale des socialistes ont regretté que les gouvernements se soient opposés par le refus des passeports à ce que les responsabilités de la guerre puissent être établies dans une conférence internationale

Ont signé :

Pour la Belgique : DE BROUCKÈRE et VANDERVELDE

Pour la Grande-Bretagne Arthur HENDERSON, HYNDMANN, J. JONES, F. H. GORLE, HUNTER WATTS, SIDNEY WEBB.

Pour la France : BRACKE, L DUBREUILH, Edgar MILHAUD, POISSON, Pierre RENAUDEL, Albert THOMAS

Pour la Grèce . FELICIA R. SCRAICHLRD

Pour l'Italie . BERENINI et SILVESTRI

LES CONDITIONS D'UNE PARTICIPATION SOCIALISTE AU GOUVERNEMENT

I

Résolution votée par le Groupe Socialiste au Parlement et la C. A. P.

(7 Septembre 1917)

Le groupe socialiste déclare que, conformément aux décisions antérieures du Parti, il reste prêt à une collaboration gouvernementale à la défense nationale.

Mais il pense que cette participation aux responsabilités ne peut être par lui assumée de nouveau qu'à la condition qu'il soit assuré que le gouvernement dans lequel il entrerait par l'un ou plusieurs de ses membres, mènera une action vigoureuse, fixant les mesures les plus énergiques et les conditions les plus favorables à la victoire dans l'ordre militaire et dans l'ordre économique ; sauvegardant les libertés publiques et ouvrières, qui ne sauraient être menacées par de fausses interprétations des nécessités de la défense nationale, affirmant aussi dans la politique internationale, en vue de la paix juste et durable, la volonté d'écarter les méthodes de diplomatie secrète, de maintenir les buts de guerre des Alliés dans les limites des revendications du droit.

Le groupe déclare que dans ces conditions, c'est avec des délégués régulièrement mandatés que devront être discutées et son concours et les garanties qu'il entend trouver pour fortifier la défense nationale elle-même.

(Cette résolution a été votée au Groupe par 29 voix contre 16 à une motion Pressemane, 7 à une motion Moutet et 4 à une motion Alexandre Blanc. A la C. A. P., elle recueillit 11 voix contre 9 à Pressemane, 2 à Moutet et 2 à Blanc.)

II

Ordre du Jour voté par le Groupe Socialiste au Parlement et la C. A. P.

(13 *Septembre* 1917.)

Le Groupe socialiste décide qu'il n'y a pas lieu pour lui d'accepter l'entrée d'un ou plusieurs de ses membres dans la combinaison ministérielle actuellement en formation.

Le Groupe déclare qu'il reste prêt à participer à tout gouvernement qui apparaîtra comme propre à unir les efforts de tous en une impulsion vigoureuse dans l'ordre de l'action nationale, à la fois par ses idées directrices, par sa constitution adaptée à un fonctionnement rapide et décisif des organismes gouvernementaux, ainsi que par sa composition correspondant à son programme.

Décidé à appuyer, du dehors comme du dedans, un gouvernement qui agira avec énergie pour la défense nationale, le Groupe donnera son entier concours, en les jugeant sur leurs actes, à ceux qui assumeront, avec ou sans les socialistes, la charge du salut du pays.

(Adopté au Groupe par 47 voix contre 23 à un ordre du jour Pressemane, et à la C. A. P. par 13 voix contre 11).

LE PROGRAMME D'ACTION DU PARTI

Résolution du Congrès National de 1917

(Tenu à Bordeaux les 6, 7, 8 et 9 octobre 1917)

DÉCLARATION GÉNÉRALE

Le Parti socialiste, après trois ans de guerre, ne veut pas rappeler de quel cœur ardent, de quelle volonté ferme, il a pris sa part dans l'union nationale pour assurer la défense du pays attaqué.

Après trois ans, le champ de guerre s'est élargi encore. Le nombre des nations en guerre contre les Empires centraux s'est accru. Le sens du combat va se précisant. Partout les responsabilités grandissent pour les gouvernants, pour les peuples, pour les partis chez les peuples.

Ce ne sont plus seulement des problèmes nationaux que la paix devra résoudre. Elle doit apporter au monde le futur statut international, destiné à écarter à jamais le danger d'un retour à la barbarie, à une folie de meurtre compliquée de civilisation, et à éviter le renouvellement d'une destruction d'hommes et de choses comme le passé n'en avait jamais vu.

Quelques-uns des peuples alliés luttent encore pour la libération de leurs territoires, les autres pour échapper à l'hégémonie qu'une puissante organisation industrielle et militaire pouvait donner à l'Allemagne et à ses alliés, mais tous luttent pour que le droit soit donné aux peuples de disposer librement d'eux-mêmes, pour trouver dans la Société des Nations la garantie de l'équilibre pacifique du monde.

C'est aux Etats-Unis, à leur entrée dans la guerre aux côtés des Alliés, après le plus noble effort pour amener les belligérants à la paix juste, c'est à la Russie, à la Révolution libératrice qui l'a sauvée à la fois des ambitions impérialistes, de la honte de la trahison et du désastre national que revient le mérite des précisions dernières.

Le Parti socialiste n'oublie pas que le régime capitaliste de concurrence économique, de colonisation et d'impérialisme peut rendre la paix toujours précaire. Mais prétendant à représenter les intérêts des peuples, il entend réaliser le maximum de garanties contre les risques de conflits par l'instauration de cette Société des Nations que des penseurs de la bourgeoisie elle-même ont considérée comme une forme devant assurer la paix durable et juste.

Le Parti socialiste sait que le Droit des peuples et la Société des Nations elle-même devront reposer non seulement sur les traités des gouvernements, mais sur la clairvoyance et la volonté des masses prolétariennes, comme sur les institutions démocratiques et socialistes qu'elles auront à perfectionner ou à établir.

Le Parti socialiste entend ne méconnaître ni le sens des événements ni la pression des réalités, si douloureuses, si redoutables soient-elles.

Le sens des événements, c'est que la force ne pourra pas triompher du droit ; la pression des réalités, c'est que, pour fonder le droit, les Alliés sont obligés de porter au maximum leur action militaire, diplomatique, économique. La volonté suffit à conditionner les termes de la paix, l'effort actif et vigilant en conditionnera seul le moment.

La paix doit être bonne et juste. Elle doit être rapide.

C'est parce qu'il a cette conviction que le Parti socialiste entend ne négliger aucune forme d'action et réclame des gouvernements, dans l'ordre international comme dans l'ordre national, une conduite plus clairvoyante et plus vigoureuse de la guerre. Pour la France, il fait appel au pays afin que l'opinion publique avertie, devant la gravité impérieuse des circonstances, presse sans relâche les hommes qui ont accepté la responsabilité du pouvoir.

SUR LA POLITIQUE INTERNATIONALE

I

ACTION DIPLOMATIQUE INTERALLIÉE

Dans l'ordre de la politique internationale, le Parti socialiste remarque une fois de plus que si le gouvernement français a prononcé sur les buts de guerre des paroles heureuses ; que si le Parti socialiste a obtenu, en comité secret, la répudiation précise de certaines manœuvres de diplomatie secrète, et que si la Chambre des députés a proclamé en ses séances publiques son dessein de rejeter tout esprit de conquête et d'annexion et de préparer la Société des Nations, tous ses alliés n'ont pas fait les mêmes choses au même degré.

Il importe donc que le gouvernement de la France profitant de l'initiative de la Révolution russe demandant la revision des buts de guerre, obtienne des alliés, de tous les alliés, la déclaration commune qui basera les revendications nationales de chacun sur les seules exigences du Droit international.

Il importe aussi que, prévoyant le conflit des intérêts, toujours possible, même entre alliés, les gouvernements de l'Entente affirment, par un traité général d'arbitrage, qu'ils s'en remettront à la réunion d'arbitres instituée par eux d'abord, à la Société des Nations ensuite, du soin de départager les intérêts et de fixer le droit.

II

LES TERMES DE LA PAIX

Sur les termes de la paix, le Parti socialiste, se référant à la déclaration internationale rédigée à Londres par les socialistes alliés, en février 1915, a dit dans sa *Réponse au questionnaire hollando-scandinave* comme il pense qu'ils doivent être établis pour écarter les germes nouveaux de guerre, pour donner au monde les garanties de sécurité à substituer au régime des surarmements, des violations territoriales et des annexions stratégiques. Le Parti socialiste agira par ses sections et fédérations pour assurer la plus grande diffusion de ce document, pour saisir efficacement l'opinion publique des conceptions que le socialisme croit indispensables pour que la paix soit juste, sérieuse et durable.

III

ACTION SOCIALISTE INTERNATIONALE

En ce qui concerne son action propre, le Parti socialiste déclare qu'il entend obtenir sa pleine liberté d'action internationale. Là aussi il fait appel à l'opinion publique pour que celle-ci comprenne et fasse comprendre aux chefs du gouvernement que la volonté exprimée de participer à une Conférence internationale, loin de s'opposer à l'intérêt des nations qui ont subi l'agression, ne peut que le servir, et qu'il n'y a pas de tâche plus utile pour elles que de laisser définir à la fois les responsabilités de la guerre et les termes d'une paix juste.

Le Parti socialiste déclare donc qu'il poursuivra l'obtention des passeports pour une Conférence de ce genre, et il demandera au gouvernement de ne pas priver notre pays d'une force d'action diplomatique qu'on ne pourrait négliger sans déclarer qu'on ne fait pas confiance au patriotisme socialiste.

IV

ACTION SOCIALISTE INTERALLIÉE

Pour préparer avec certitude la Conférence internationale au principe de laquelle il a adhéré unanimement dans son Conseil National du 27 mai, dont il a déterminé les conditions d'activité et de réussite dans sa *Réponse au Questionnaire hollando-scandinave*, le Parti socialiste continuera ses pourparlers et conférences avec les autres partis socialistes et les organisations ouvrières de l'Entente, et il répond favorablement à la lettre du citoyen Henderson, dont le Congrès a eu connaissance.

V

LA RÉPONSE AU QUESTIONNAIRE, BASE D'ACTION

En vue de ces réunions, considérant que la *Réponse au Questionnaire* contient le maximum de pensée et de possibilité d'action communes entre les socialistes français et qu'elle constitue pour le Parti socialiste français sa base la plus solide d'action internationale, le Congrès mandate la C. A. P., le Groupe socialiste au Parlement, l'*Humanité*, ses délégués au Bureau socialiste international et aux commissions interalliées pour exercer leur action dans le sens des directions générales de ce document.

VI

DEMANDE A TOUS LES PARTIS SOCIALISTES

Le Congrès demande, en outre, à la Délégation hollando-scandinave de réclamer, pour publication, avant la Conférence internationale, à tous les Partis socialistes, neutres ou belligérants, leur réponse détaillée au *Questionnaire*. Le Parti socialiste pense qu'il ne suffit pas de formules brèves et rapides pour résoudre les formidables problèmes posés par la guerre. Il demande particulièrement et fraternellement aux Partis socialistes russes, à la Conférence des Soviets, de fournir cette réponse détaillée.

VII

PAS DE PAIX SÉPARÉE

Répondant au télégramme du Soviet, le Congrès socialiste saisit cette occasion d'assurer la Russie révolutionnaire que les socialistes de France sont unanimes avec la nation française pour écarter toute solution de la guerre qui, violentant le droit des peuples, impliquerait un sacrifice aux dépens de la Russie ou une paix séparée.

AUX SOCIALISTES ALLEMANDS

Avant de clore ses débats, le Parti socialiste français, reprenant le texte de sa Réponse au questionnaire, renouvelle solennellement, devant la France attaquée qu'il défend, devant le monde qui l'entendra, son appel aux socialistes indépendants et au peuple d'Allemagne lui-même :

« Que l'Allemagne, abattant la domination de ses maîtres et châtiant leur crime, entre en démocratie, donnant ainsi le gage d'une bonne foi que ne peut plus représenter le gouvernement impérial, et de même que Marx, en 1871, criait au gouvernement impérial d'alors : « Ne tuez pas dans l'œuf le développement de la République française ! » les socialistes du monde entier auront le devoir d'agir pour que les gouvernements alliés n'écrasent pas en Allemagne la démocratie naissante, et permettent au peuple allemand libéré de retrouver un équilibre que la folie militariste inoculée lui a fait perdre.

« Les volontés de la Russie révolutionnaire ne peuvent être douteuses à cet égard. Le Parti socialiste français s'y associe. Les gouvernements alliés eux-mêmes, par leurs chefs actuels, M. Lloyd George, M. Ribot, M. Wilson, ont, sur ce point, sinon pris des engagements du moins défini des intentions.

« Le Parti socialiste français se porte garant des actes qu'il accomplirait si ces intentions n'étaient pas suivies d'effet. »

SUR LA POLITIQUE NATIONALE

Dans l'ordre politique national, le Parti socialiste est et reste résolu à l'union nationale pour la défense du pays et pour la guerre du droit, dégagée de tout impérialisme. Il sait qu'il ne peut y avoir de mouvement socialiste triomphant dans un pays qui subit la domination ou l'hégémonie étrangère.

A cause de cela, pour se donner tout entier sans réserves à l'action nationale, le Parti socialiste vote les crédits de la Défense du pays, et il avait jusqu'ici pris sa part de responsabilité jusque dans le gouvernement.

I

SUR LE VOTE DES CREDITS

Le Congrès déclare qu'il considère ce vote, pendant la guerre, comme le symbole même de la Défense Nationale. Pour qu'il cessât de l'accorder, il faudrait que le Parti socialiste jugeât que le gouvernement qui est chargé de les réclamer au Parlement soit un gouvernement d'impérialisme, ou un gouvernement de trahison devant l'ennemi, ou un gouvernement de défaillance et de crime contre le régime républicain.

Il confirme donc ses résolutions antérieures à cet égard et en exigera de tous ses élus l'application.

II

SUR LA PARTICIPATION GOUVERNEMENTALE

Le Parti socialiste est convaincu qu'il n'y a pas, dans une démocratie comme la nôtre, de défense nationale efficace si elle n'est animée de l'esprit républicain et socialiste, si elle n'est vivifiée par la volonté d'équité et de justice, si ceux qui l'assument ne sont pas prêts, sans hésitation ni retard, à incliner devant le salut de la collectivité nationale tous les intérêts particuliers et contradictoires, s'ils ne consentent pas à aborder résolument les solutions hardies qui peuvent faire l'action plus rapide, plus forte, plus féconde.

Depuis trois ans de guerre le pays souffre d'institutions vieillies d'un système parlementaire aux méthodes inadaptées à la guerre, qui aboutit à placer dans les gouvernements un personnel interchangeable qui a trop souvent donné des preuves fâcheuses de son inactivité, de son imprévoyance ou de sa fatigue.

Les deux Chambres se disputent l'autorité, tiraillent l'action gouvernementale, retardent chacune à leur tour les décisions. Le travail parlementaire et gouvernemental est inorganisé. Les fonctions sont faites pour les hommes et non les hommes pour les fonctions. Le gouvernement de guerre lui-même oscille d'une constitution à l'autre, sans frein et sans règle. La poussière des partis laisse aux hommes le soin de se disputer un pouvoir sans force et sans autorité. C'est le Parlement, c'est le régime républicain tout entier qui supportent, devant l'opinion publique, le poids de ces erreurs d'action.

C'est pour réagir contre une telle méthode que le Parti socialiste n'a pas hésité à rompre sa collaboration pour faire juge le pays.

Mais sur la participation ministérielle, le Congrès déclare que, pendant la guerre et en reportant à un autre moment ultérieur l'examen du principe même de la participation, le Parti socialiste ne se refusera pas systématiquement à sa part de responsabilités gouvernementales.

Il déclare seulement que cette participation sera par lui conditionnée et contrôlée.

Conditionnée par la discussion entre le chef du gouvernement et la délégation socialiste, ainsi qu'il a été pratiqué dans la dernière crise, afin de fixer au préalable l'accord sur le programme de l'activité gouvernementale pour la guerre et pour la paix, et l'accord sur les conditions de sa réalisation par l'homogénéité du personnel politique auquel le Parlement se trouvera associé.

Contrôlée, comme elle l'a été aussi dans le passé,

par les rapports conservés entre le Parti et ses délégués au gouvernement.

PROGRAMME D'ACTION

Dès maintenant, le Parti socialiste détermine ainsi le programme que lui paraît commander le salut du pays.

AU POINT DE VUE DE LA CONDUITE DE LA GUERRE :

— *Constitution d'un véritable Comité de guerre* composé d'un petit nombre d'hommes, ayant tout le pouvoir et toute la responsabilité de décision, de coordination et d'impulsion, entouré de ministres ou sous-secrétaires d'État chargés de réaliser administrativement et techniquement les résolutions prises.

AU POINT DE VUE MILITAIRE :

— *Exercice rigoureux du contrôle parlementaire* aux armées tel qu'il vient d'être défini par accord du gouvernement et de la Commission de l'Armée.

— *Extension et surveillance très rigoureuse des programmes* à réaliser en matériels, particulièrement en matière d'aviation, d'artillerie lourde à grande puissance, en chars d'assaut, en explosifs.

— *Solutions interalliées* à apporter au problème des effectifs pour permettre une démobilisation des vieilles classes et assurer par là l'indispensable production de l'arrière.

— *Protection des officiers républicains et des soldats* contre des vexations ou des mesures qui atteindraient la liberté de penser, et créeraient au sein de la nation armée de tristes ferments de division nationale.

AU POINT DE VUE DIPLOMATIQUE :

— *Recherche d'un personnel adapté* aux nécessités de la guerre des démocraties contre les autocraties.

— *Pratique d'une diplomatie ouverte*, faisant connaître au Parlement, avec exactitude et sans réticences, les ententes auxquelles le gouvernement aboutit avec ses alliés.

— *Réalisation des mesures de préparation de la Société des Nations* pour une politique dégagée d'impérialisme, telle qu'elle a été définie à plusieurs reprises par le gouvernement français et par la Chambre elle-même.

AU POINT DE VUE POLITIQUE :

— Mesures pour unifier l'action parlementaire du pays pendant la guerre.

— Préparation du nouveau régime électoral.

— Législation fortifiée contre les coupables de délits ou crimes individuels commis par spéculation sur les denrées essentielles de la vie, par des fraudes fiscales ou dans l'exécution des marchés passés avec l'Etat, par concussion.

— Application rigoureuse des lois contre les crimes d'intelligences avec l'ennemi.

— Retour dans toutes les localités de l'arrière au régime des mesures prises par les autorités civiles.

— Reconnaissance du droit des organisations syndicales à discuter l'organisation du travail et les conditions de salaire, avec la pratique des délégués d'atelier.

— Réduction de la censure à son rôle strict de protection de la défense nationale.

DANS L'ORDRE ECONOMIQUE :

— Substitution des méthodes d'organisation collective à longue échéance à l'initiative individuelle dans l'ordre de la production industrielle et agricole et de la répartition.

— Recensement rigoureux des produits et des besoins.

— Répartition par rationnement calculé sur le recensement des produits.

— Réquisition organisée et contrôlée pour parer aux tentatives de spéculation, à la dissimulation des marchandises, à l'élévation injustifiée des prix.

— Unification des services de ravitaillement.

— Etablissement d'un régime d'achat national pour les matières les plus indispensables.

— Constitution des stocks d'hiver pour les ravitaillements des grands centres urbains.

— Politique fiscale basée sur l'imposition de la richesse acquise et des bénéfices de guerre.

— Politique d'exploitation directe des richesses et des domaines nationaux.

(Ce texte a été adopté par 1.552 voix contre 831, 385 et 118. Il y a eu, en outre, 85 abstentions.)

SUR LES CRISES MINISTÉRIELLES

I

Le Groupe socialiste nomme une Commmission permanente

(23 Octobre 1917)

Le Groupe socialiste a adopté à l'unanimité l'ordre du jour suivant :

« Le Groupe, examinant les nécessités d'action que lui crée la situation politique générale, a décidé la nomination d'une commission permanente renouvelable tous les trois mois.

« Cette commission sera chargée, en toute circonstance, de préparer les travaux et décisions du Groupe. Celui-ci sera appelé par elle à donner ses solutions sur les problèmes posés devant le pays.

« Le Groupe a désigné pour constituer cette commission les citoyens Cachin, Hubert Rouger, Mayéras, Mistral, Renaudel, Sembat, Albert Thomas. »

II

La Constitution du Ministère Clemenceau

(15 *Novembre* 1917)

Le Groupe socialiste et la C. A. P. confirment leurs résolutions antérieures en vue de la crise gouvernementale et constatent leur unité absolue en vue de l'action.

Ils chargent leur délégation de continuer les pourparlers avec les délégations du groupe radical et radical-socialiste pour établir le programme de salut national que la démocratie française doit réaliser.

(Seul le citoyen Brizon s'est prononcé contre cet ordre du jour.)

(16 *Novembre* 1917)

Le Groupe a constaté que sont terminés les pourparlers engagés, ceux-ci ne pouvant aboutir à une attitude politique commune à l'égard du gouvernement en formation.

Il a décidé de poursuivre avec énergie et méthode la politique de défense nationale et d'action démocratique qu'il a constamment proposée.

LA RÉVOLUTION RUSSE ET LA PAIX SÉPARÉE

Manifeste du Groupe parlementaire

(19 décembre 1917.)

Camarades,

Il n'est pas besoin de vous rappeler par quelles paroles d'enthousiasme et d'espérance les socialistes de France ont salué dès la première heure la Révolution russe.

Depuis la première heure aussi, devant notre Parlement comme dans tous nos congrès, nous n'avons pas cessé de souligner notre accord sur les formules générales de paix juste, rapide et durable adoptées par la Russie nouvelle.

Aujourd'hui c'est avec angoisse que nous avons vu quelques-uns des vôtres engager des pourparlers qui peuvent conduire à la paix séparée.

Une telle conclusion ne permettrait pas seulement aux Empires centraux de préparer ou d'escompter un triomphe militaire et de dicter finalement, au nom de la force, leurs conditions ; elle servirait encore — elle sert déjà — les desseins de tous les ennemis de la démocratie et du socialisme dans le monde, en leur permettant d'invoquer la Révolution russe comme un exemple de désorganisation et de démoralisation.

Nous connaissons toute l'injuste rigueur de certains jugements contre la Révolution russe. Ceux qui les portent oublient que le vrai et direct responsable, c'est le régime tsariste qui a provoqué tant de colères dans l'âme des proscrits et de tous ceux qui luttaient sur la terre russe pour la liberté, qu'il a ainsi préparé des malentendus déplorables entre notre propre pays et votre démocratie pour le jour où elle naîtrait.

Les crimes qui rendaient si haïssable l'autocratie russe ont pu masquer que ce n'est pas seulement le jeu des alliances gouvernementales, mais la mutilation dont la France avait été la victime en 1871, qui avait jeté notre peuple dans les bras du tsarisme, ainsi que l'ont souvent reconnu les socialistes allemands eux-mêmes.

Ceux qui, sans tenir compte des terribles difficultés où vous vous débattez, s'efforcent de tourner hypocritement toutes leurs polémiques contre la démocratie et le socialisme, oublient que le tsarisme a accumulé les causes de désorganisation et de défaite, que son imprévoyance a installé en permanence la famine, que sa pourriture allait jusqu'à la trahison vénale, et que de sa ruine seule la Russie pouvait renaître.

Nous, nous n'oublions pas. Même, nous savons les reproches qui peuvent être faits à ceux qui dans le passé, avaient mis notre politique dans le monde à la suite de la politique du tsar et de certains mauvais conseillers.

Nous n'oublions pas non plus les fautes plus récentes commises par nos gouvernants, qui, après le voyage d'Albert Thomas, de Moutet, Cachin et Lafont, ont refusé à l'Internationale le moyen de se rencontrer à Stockholm, en une conférence à l'utilité, à la nécessité de laquelle nous croyons toujours.

Ils nous interdisaient ainsi d'entrer en contact plus intime avec vous, ils nous empêchaient nous-mêmes, tout en proclamant des responsabilités, de chercher avec vous les moyens d'obtenir de tous les gouvernants le respect du droit des peuples, le respect des traités, l'engagement de soumettre dorénavant tous les conflits possibles à la justice des nations. Ils en porteront la responsabilité.

Mais que sont ces fautes auprès de ce qu'entraînerait une paix séparée ?

Comment les démocraties d'Occident, dont la démocratie russe n'a pas le droit de mépriser le long effort historique même s'il n'est pas encore à son terme socialiste, comment la grande démocratie américaine, dont on ne peut nier la force idéaliste, comment ces nations ne seraient-elles pas conduites à se sentir menacées par la faiblesse et l'abandon de leur grande alliée septentrionale, comment ne seraient-elles pas obligées à se raidir pour un combat prolongé d'où elles ne veulent pas voir surgir l'hégémonie politique, militaire et économique de ceux qui ont déchaîné, au dernier moment, la catastrophe ?

Suivie par ses alliés, l'Allemagne s'est, jusqu'ici, refusée à faire connaître ses buts de guerre. Le prolétariat des Empires centraux n'a pas conquis sa liberté politique, ses sacrifices même ne lui ont pas encore valu la certitude du suffrage universel total ni d'un Parlement souverain et responsable. Ainsi, les peuples des pays ennemis n'ont pas affirmé par des actes leur volonté anti-impérialiste ni leur adhésion au droit des peuples à disposer d'eux-mêmes et au principe de la Société des nations qui est destiné à le garantir.

Il y a, dans la guerre, une terrible logique. Les Soviets l'ont senti, lorsque, affirmant leur volonté de paix générale, ils disaient : nous demandons à l'Allemagne de faire connaître ses buts de guerre, et aux socialistes allemands de faire comme nous-mêmes leur révolution. Les Soviets n'ont obtenu ni l'une ni l'autre réponse.

Cependant, la paix ne peut être que juste. Elle ne peut être que durable. Elle ne sera l'une et l'autre que par la volonté démocratique des peuples.

Une paix séparée ne peut être cela. Conclue par la Révolution russe, elle permettrait de dire que le socialisme russe, reniant ses propres formules, renonçant au droit des peuples à disposer d'eux-mêmes, a compté pour rien le sort des petites nations violentées et piétinées.

Ce serait un désastre moral dont le socialisme international porterait partout le poids comme par un retentissement naturel.

Les socialistes russes n'assumeront pas cette responsabilité.

Par eux, la Russie remontera de l'abîme où le tsarisme l'avait précipitée.

Mais pour cela l'effort suprême de tous les socialistes russes doit être rassemblé et uni. Les divisions, qui déjà le minaient avant la guerre, le paralysent pour son œuvre de réorganisation. De loin, nous, ses amis, nous avons souffert de sentir tant de divergences et de rivalités brutales. Celles-ci risquent de rendre possible le retour d'une réaction dont le monde entier souffrirait.

Mais, de plus, la Russie doit trouver au plus tôt le régime stable d'où surgira sa vie nouvelle. Sa Constituante, seule, peut le lui fournir. Elle seule fera cesser les luttes qui déplacent les dictatures sans leur donner l'autorité ni la sécurité du lendemain. Elle seule pourra dire qu'elle gouverne *pour* le peuple *par* le peuple. Elle seule offrira aux autres nations du monde la garantie des engagements que la Russie est appelée à prendre dans le mouvement international des événements.

En écartant la paix séparée, la Russie révolutionnaire maintiendra son honneur et refusera de livrer à l'impérialisme allemand les démocraties qui luttent contre lui ; en unissant tous les éléments socialistes, elle cimentera ses forces d'organisation ; en créant le régime républicain, avec tous ses rouages réguliers, elle fondera indestructiblement la liberté russe, et elle servira le progrès du socialisme dans le monde.

Et nous, socialistes français, qui trouvons dans la gravité des événements et dans la conscience de nos responsabilités le motif de ces déclarations amicales, nous n'hésitons pas à vous dire que nous connaissons aussi l'étendue de nos devoirs.

Les socialistes français ne feront rien qui puisse affaiblir la résistance de l'armée et du peuple de France. Mais ce n'est pas affaiblir, c'est fortifier, au contraire, le moral de l'un et de l'autre que de réclamer énergiquement aux gouvernements alliés de tenir enfin clairement le langage en rapport avec leurs affirmations répétées qu'ils ne se battent que parce qu'ils furent attaqués et qu'ils ne veulent obtenir de la paix rien que leur droit. Ainsi la revision des buts de guerre promise par nos gouvernements s'impose.

Aux gouvernements des empires centraux nos gouvernements doivent dire avec netteté ce qu'exigent à la fois la volonté de paix générale, qui est celle de tous les peuples, comme du peuple russe, et la réalisation de justice internationale qui, seule, peut empêcher la prolongation de la guerre.

Les sacrifices que les peuples alliés consentent encore, et sur lesquels s'appuie la sécurité de la Russie révolutionnaire en voie de réorganisation, peut-être en dépit des apparences, leur commande cette exigence suprême, afin que les peuples des Empires centraux soient amenés eux aussi à reconnaître que la paix démocratique dans ses résultats, démocratique dans ses moyens, démocratique dans ses garanties, constitue seule le salut de l'humanité.

Le Groupe socialiste au Parlement :

Albert THOMAS, ALDY, AUBRIOT, AURIOL, BARABANT, BARTHE, BASLY, BEDOUCE, BERNARD, BETOULLE, J. BON, BOUISSON, BOUVERI, BRACKE, BRAS, BRENIER, BRETIN, BRUNET, BUISSET, CABROL, CACHIN, CADENAT, CADOT, CAMELLE, CLAUSSAT, COMPÈRE-MOREL, CONSTANS, DEGUISE, DEJEANTE, DOIZY, DUBLED, DUMOULIN, DURRE, DUMAS, FOURMENT, GIRAY, GONIAUX, GOUDE, GROUSSIER, GUESDE, HUBERT-ROUGER, JOBERT, LAFONT, de LA PORTE, LAUCHE, LAURENT, LAVAL, LEBEY, LECOINTE, LEFEBVRE, LEVASSEUR, LISSAC, LOCQUIN,, LONGUET, MANUS, MAUGER, MAYERAS, MELIN, MISTRAL, MORIN, MOUTET, NADI, NAVARRE, NECTOUX, PARVY, PHILBOIS, PONCET, POUZET, PRESSEMANE, ELLEN-PRÉVOT, REBOUL, RENAUDEL, RINGUIER,, ROGNON, ROZIER, SABIN, SALEMBIER, SEMBAT, SIXTE-QUENIN, THIVRIER, VALETTE, VALIÈRE, VARENNE, VEBER, VIGNE, VOILIN, VOILLOT, WALTER.

Retenus dans les régions envahies :

DELORY, GHESQUIERE, INGHELS, RAGHEBOOM, SORRIAUX.

SUR LE VOTE DE CRÉDITS

Déclaration du Groupe socialiste au Parlement

(31 décembre 1917)

Messieurs,

Le groupe socialiste, une fois de plus, votera les crédits qui nous sont réclamés pour la Défense nationale.

Mais aux réserves que nous avons souvent formulées sur nos méthodes financières et administratives, nous sommes amenés, cette fois, à en ajouter de plus graves concernant la conduite diplomatique de la guerre.

Le groupe socialiste a la conviction que la direction imprimée à notre diplomatie par le gouvernement ne répond pas aux nécessités des heures difficiles que nous traversons.

Sans doute, M. le ministre des Affaires étrangères a défini en termes souvent heureux certains traits de cette direction. Mais le silence observé par l'ensemble des gouvernements alliés sur les principes généraux essentiels à la préparation d'une paix durable nous paraît créer peu à peu un état d'infériorité morale, préjudiciable à notre cause. Il peut développer chez les peuples eux-mêmes ce sentiment que les gouvernements alliés hésitent encore à exposer leur politique commune au grand jour des tribunes parlementaires.

En face des initiatives réitérées de nos adversaires, cette timidité de l'esprit, qui paraît prendre sa source dans une espèce de méfiance, non seulement à l'égard de certaines forces que nous représentons dans le pays, mais encore à l'égard du pays tout entier, engendre, à notre avis, un péril moral certain.

Une preuve de cet état d'esprit vient d'être fournie aujourd'hui même par le refus de passeports opposé par M. le président du conseil au Parti socialiste, qui songeait à envoyer une délégation à Pétrograd.

Les socialistes voulaient agir, dans la mesure de leurs moyens, pour demander à la Russie révolutionnaire de ne pas conclure une paix séparée. Ils entendaient lui demander aussi de ne se faire négociatrice que pour une paix générale qui, basée sur le droit des peuples, présentera les garanties et sécurités nécessaires après les terribles sacrifices que les peuples ont subis.

La Chambre va se séparer pour quelques jours. Nous regrettons de ne pouvoir saisir sans délai le Parlement et le pays.

Nous avons tenu à dégager notre responsabilité jusqu'au moment où nous pourrons obtenir du gouvernement, dès notre plus prochaine séance et par voie d'interpellation, les précisions indispensables sur la conduite diplomatique de la guerre.

Le Groupe socialiste au Parlement :

Albert THOMAS, ALDY, AUBRIOT, AURIOL, BARABANT, BARTHE, BASLY, BEDOUCE, BERNARD, BETOULLE, J. BON, BOUISSON, BOUVERI, BRACKE, BRAS, BRENIER, BRETIN, BRUNET, BUISSET, CABROL, CACHIN, CADENAT, CADOT, CAMELLE, CLAUSSAT, COMPÈRE-MOREL, CONSTANS, DEGUISE, DEJEANTE, DIAGNE, DOIZY, DUMOULIN, DURRE, DUMAS, FOURMENT, GIRAY, GONIAUX, GOUDE, GROUSSIER, GUESDE, HUBERT-ROUGER, JOBERT, LAFONT, de LA PORTE, LAUCHE, LAURENT, LAVAL, LEBEY, LECOINTE, LEFEBVRE, LEVASSEUR, LISSAC, LOCQUIN, LONGUET, MANUS, MAUGER, MAYERAS, MELIN, MISTRAL, MORIN, MOUTET, NADI, NAVARRE, NECTOUX, PARVY, PHILBOIS, PONCET, POUZET, PRESSEMANE, ELLEN-PRÉVOT, REBOUL, RENAUDEL, RINGUIER,, ROGNON, ROZIER, SABIN, SALEMBIER, SEMRAT, SIXTE-QUENIN, THIVRIER, VALETTE, VALIÈRE, VARENNE, VEBER, VIGNE, VOILIN, VOILLOT, WALTER.

Retenus dans les régions envahies :

DELORY, GHESQUIÈRE, RAGHEBOOM, SORRIAUX.

En captivité :

INGHELS.

TABLE SYSTÉMATIQUE

ALSACE-LORRAINE

Conférence de Londres (février 1916). 135
Première résolution 136

Réponse au Questionnaire Hollando-Scandinave (11 août 1917) 7
L'application des principes 43
   L'Alsace-Lorraine 47

(Voir, en outre, les résolutions des Congrès et des Conseils Nationaux)

ARBITRAGE ET MÉDIATION

Réponse au Questionnaire Hollando-Scandinave (11 août 1917) 7
La question des responsabilités 10
   L'arbitrage 14
   Qui n'a pas voulu de médiation 16

(Voir, en outre, les résolutions des Congrès et des Conseils Nationaux)

BELGIQUE

Manifeste des Partis belge et français (6 septembre 1914) 113

Lettre de la C. A. P., à Vandervelde (30 novembre 1916) 150

Réponse au Questionnaire Hollando-Scandinave (11 août 1917) ... 7
La question des responsabilités ... 10
   La neutralité belge ... 18
L'application des principes ... 43
   Les cas concrets ... 45

(Voir, en outre, les résolutions des Congrès et des Conseils Nationaux)

C. A. P.

Manifeste de la C. A. P. (28 juillet 1914) ... 105
Manifeste du Parti (28 août 1914) ... 110
Déclaration du Groupe et de la C. A. P. (25 décembre 1914) ... 116
Manifeste de la C. A. P. (1er mai 1915) ... 120
Manifeste du Groupe et de la C. A. P. (22 mai 1915) ... 122
Déclaration de la C. A. P. (6 novembre 1915) ... 128
Manifeste de la C. A. P. (2 mai 1916) ... 141
Lettre de la C. A. P. à Vandervelde (30 novembre 1916) ... 150
Résolution de la C. A. P. (5 avril 1917) ... 161
Décision de la C. A. P. (27 avril 1917) ... 162
Manifeste de la C. A. P. (1er mai 1917) ... 165
Décision de la C. A. P. (31 mai 1917) ... 169
Lettre du Parti au Soviet (25 juin 1917) ... 174
Trois télégrammes du Parti (19 juillet 1917) ... 176
Salut de la C. A. P. (25 juillet 1917) ... 179
Résolutions adoptées par la C. A. P. et les délégués russes et anglais (31 juillet 1917) ... 180
Résolution du Groupe et de la C. A. P. (7 septembre 1917) ... 187
Ordre du jour du Groupe et de la C. A. P. (13 septembre 1917) ... 188

CONDITIONS DE PAIX

Conférence de Londres (février 1916).	135
Première résolution	135
Résolution du Conseil national (7 août 1916).	146
4. — Les buts de guerre	147
Réponse au Questionnaire Hollando-Scandinave (11 août 1917).	7
Le contenu de la paix	22
L'application des principes	43
Résolution du Congrès de Bordeaux (9 octobre 1917).	189
Sur la politique internationale	191
B. — Les termes de la paix	192
G. — Pas de paix séparée	194
Manifeste du Groupe (19 décembre 1917).	201

(Voir, en outre, les autres résolutions des Congrès et Conseils Nationaux).

CONFÉRENCES DES SOCIALISTES ALLIÉS

Conférence de Londres (février 1916)	135
Première résolution	135
Deuxième résolution	136
Résolution du Conseil National (3 mars 1917).	155
A. Sur la conférence interalliée	155
Déclaration de la majorité (2 septembre 1917).	183
Résolution du Congrès de Bordeaux (9 oct. 1917).	189
Sur la politique internationale	191
D. — Action socialiste interalliée	193

CONSEILS NATIONAUX ET CONGRÈS

Résolution du Conseil National (15 juillet 1915).	123
Manifeste du Congrès (29 décembre 1915).........	129
Résolution du Conseil National (7 août 1916)	146
Résolutions du Congrès (décembre 1916)	152
Résolutions du Conseil National (3 mars 1917)	155
Résolution du Conseil National (29 mai 1917) ..	167
Résolution du Congrès de Bordeaux (9 oct. 1917)	189

CONTRIBUTIONS DE GUERRE

Réponse au Questionnaire Hollando-Scandinave (11 août 1917)...........................	7
L'application des principes........................	43
Contre les contributions	45

DÉFENSE NATIONALE

Ordre du jour de la Salle Wagram (2 août 1914)	108
Résolution du Conseil National (7 août 1916)	146
1. — *La Défense Nationale*.......................	146
Réponse au Questionnaire Hollando-Scandinave (11 août 1917)...........................	7
Le moment de la paix........................	51
Le concours des socialistes à la guerre.........	53

(Voir, en outre, presque tous les documents du Parti et, en particulier, les Déclarations pour le vote des crédits et les Résolutions des Congrès et Conseils Nationaux).

DROIT DES PEUPLES
A DISPOSER D'EUX-MÊMES

Réponse au Questionnaire Hollando-Scandinave (11 août 1917)	7
Le contenu de la paix	22
A. — Le droit des peuples à disposer d'eux-mêmes	24

GROUPE SOCIALISTE AU PARLEMENT

Déclaration du Groupe (28 juillet 1914)	107
Manifeste du Parti (28 août 1914)	110
Déclaration du Groupe et de la C. A. P. (25 décembre 1914)	116
Manifeste du Groupe et de la C. A. P. (22 mai 1915)	122
Première lettre à M. Viviani (11 juin 1915)	73
Deuxième lettre à M. Viviani (8 septembre 1915)	79
Troisième lettre à M. Briand (3 décembre 1915)	85
Une démarche du Groupe (4 avril 1916)	137
Déclaration du Groupe (24 juin 1916)	142
Déclaration du Groupe (22 septembre 1916)	149
Quatrième lettre à M. Briand (15 novembre 1916)	90
Cinquième lettre à M. Briand (15 novembre 1916)	95
Ordre du jour du Groupe (26 janvier 1917)	154
Manifeste du Groupe (16 mars 1917)	159
Sixième lettre à M. Ribot (1er juin 1917)	98
Déclaration du Groupe (15 juin 1917)	170
Résolution du Groupe (3 août 1917)	182
Résolution du Groupe et de la C. A. P. (7 septembre 1917)	187
Ordre du jour du Groupe et de la C. A. P. (13 septembre 1917)	188

Le Groupe nomme une commission (23 octobre 1917)	199
La constitution du ministère Clemenceau (15 novembre 1917)	200
Second ordre du jour (16 novembre 1917)	201
Manifeste du Groupe (19 décembre 1917)	201
Déclaration du Groupe (31 décembre 1917)	209

LIBERTÉ DES MERS

Réponse au Questionnaire Hollando-Scandinave (11 août 1917)	7
Le contenu de la paix	22
La liberté des mers	32

MESSAGE DE M. WILSON

Ordre du jour du Groupe (26 janvier 1917)	154
Résolution de la C. A. P. (5 avril 1917)	161

(Voir, en outre, les documents du Parti depuis le 26 janvier 1917.)

PARTICIPATION MINISTÉRIELLE

Manifeste du Parti (28 août 1914)	110
Manifeste du Groupe et de la C. A. P. (22 mai 1915)	122
Résolutions du Congrès (décembre 1916)	152
La participation ministérielle	153
Résolution du Groupe (3 août 1917)	182
Résolution du Groupe et de la C. A. P. (7 septembre 1917)	187
Ordre du jour du Groupe et de la C. A. P. (13 septembre 1917)	188

Résolution du Congrès de Bordeaux (9 octobre 1917) 189
   Sur la politique nationale................................ 195
    B. — Sur la participation gouvernementale.. 195
Le Groupe nomme une Commission (23 octobre 1917) 199
Constitution du ministère Clemenceau (15 novembre 1917) 200
Second ordre du jour (16 novembre 1917) 201
(Voir, en outre, les Lettres aux présidents du conseil, les résolutions des Congrès et Conseils nationaux et les Déclarations pour le vote des crédits.)

PREMIER MAI

Manifeste de la C. A. P. (1ᵉʳ mai 1915)............... 120
Manifeste de la C. A. P. (2 mai 1916) 141
Manifeste de la C. A. P. (1ᵉʳ mai 1917) 165

PROPAGANDE RÉACTIONNAIRE

Une démarche du Groupe (4 avril 1916) 137

QUESTION DES RESPONSABILITÉS

Déclaration du Groupe (28 juillet 1914) 107
Conférence de Londres (février 1916) 135
   Première résolution. 135
Réponse au Questionnaire Hollando-Scandinave (11 août 1917). 7
   La question des responsabilités................ 10
    A. — Les responsabilités générales............ 10
    B. — Les responsabilités immédiates.......... 13
    C. — Les responsabilités de l'Internationale 20
(Voir, en outre, la plupart des manifestes du Groupe et de la C. A. P., ainsi que les résolutions des Congrès et Conseils nationaux.)

RELATIONS INTERNATIONALES

Manifeste du Congrès (29 décembre 1915)	129
Résolution du Conseil national (9 avril 1916)	139
Résolution du Conseil national (7 août 1916)	146
3. *Les rapports internationaux*	147
Résolutions du Congrès (décembre 1916)	152
Les rapports internationaux	153
Résolutions du Conseil national (3 mars 1917)	155
A. *Sur la conférence interalliée*	155
B. *Sur l'action des sections de l'Internationale*	157
Décision de la C. A. P. (27 avril 1917)	162
Résolution du Conseil national (29 mai 1917)	167
A. — *Proposition de résolution de la majorité (en note)*	167
Décision de la C. A. P. (31 mai 1917)	169
Lettre du Parti au Soviet (25 juin 1917)	174
Trois télégrammes du Parti (19 juillet 1917)	176
A. *Aux délégués du Soviet, à Londres*	177
B. *Au Labour Party*	177
C. *A Huysmans et Branting*	178
Résolutions adoptées par la C. A. P. et les délégués russes et anglais (31 juillet 1917)	180
A. *La conférence internationale*	180
Réponse au Questionnaire Hollando-Scandinave (11 août 1917)	7
Conditions de réunion	62
A. — Conditions de convocation	62
B. — Conditions de fonctionnement	63
C. — Conditions d'efficacité	64
Résolution du Congrès de Bordeaux (9 octobre 1917)	189
C. *Action socialiste internationale*	192

RÉPONSE AU QUESTIONNAIRE

Réponse au Questionnaire Hollando-Scandinave (11 août 1917). 7
Résolution du Congrès de Bordeaux (9 octobre 1917) 189
    E. *La réponse au Questionnaire, base d'action*   193

RÉVOLUTION RUSSE

Manifeste du Groupe (16 mars 1917) 159
Lettre du Parti au Soviet (25 juin 1917) 174
Trois télégrammes du Parti (19 juillet 1917) 176
    A. *Aux délégués du Soviet, à Londres*........... 177
Salut de la C. A. P. (25 juillet 1917) 179
Résolutions adoptées par la C. A. P. et les délégués russes et anglais (31 juillet 1917) 180
Résolution du Congrès de Bordeaux (9 octobre 1917) 189
    G. *Pas de paix séparée*................................. 194
Manifeste du Groupe (19 décembre 1917) 201
(Voir, en outre, les documents du Parti depuis le 16 mars 1917.)

SOCIÉTÉ DES NATIONS

Réponse au Questionnaire Hollando-Scandinave (11 août 1917)... 7
    Le contenu de la paix...................................... 22
    B. *La Société des Nations*............................. 26

Résolution du Congrès de Bordeaux (9 octobre 1917) 189
Programme d'action 197
   Au point de vue diplomatique.................. 197
(Voir, en outre, les résolutions des Congrès et Conseils Nationaux, les Déclarations sur le vote des crédits et les lettres aux Présidents du Conseil).

VOTE DES CRÉDITS

Déclaration du Groupe (24 juin 1916) 142
Déclaration du Groupe (22 septembre 1916) 149
Déclaration du Groupe (15 juin 1917) 170
Résolution du Congrès de Bordeaux (9 octobre 1917) 189
  Sur la politique nationale................. 195
   A. Sur le vote des crédits 195
Déclaration du Groupe (31 décembre 1917) 209
(Voir, en outre, les différentes résolutions des Congrès et Conseils nationaux.)

ZIMMERWALD ET KIENTHAL

Déclaration de la C. A. P. (6 novembre 1915) ... 128
Résolution du Conseil national (9 avril 1916) ... 139
Résolution du Conseil national (7 août 1916) 146
  2. Les thèses de Kienthal.................. 146
Trois télégrammes du Parti (19 juillet 1917) 176
  C. A Huysmans et Branting.................. 178

TABLE DES MATIÈRES

	Pages
PREFACE	3
REPONSE AU QUESTIONNAIRE HOLLANDO-SCANDINAVE (11 août 1917)	7
Déclaration préliminaire	7
La question des responsabilités	10
A. *Les responsabilités générales*	10
B. *Les responsabilités immédiates*	13
L'arbitrage	14
Qui n'a pas voulu de médiation ?	16
La neutralité belge	18
La déclaration de guerre	18
Un aveu de mensonge	19
C. *Les responsabilités de l'Internationale*	20
Le contenu de la Paix	22
A. *Le droit des peuples à disposer d'eux-mêmes*	24
B. *La Société des Nations*	26
La diplomatie secrète	28
Le contrôle international	28
Commissions d'Enquête et d'Arbitrage. — La « League to enforce peace »	29
La réduction des armements	31
La liberté des mers	32
Voies de communication d'intérêt mondial	37
Les relations économiques internationales	39
L'Application des Principes	43
Contre les annexions	43
La consultation des peuples	43
Contre les contributions	45
Les cas concrets	45
L'Alsace-Lorraine	47

	Pages
Le moment de la Paix	51
Le concours des socialistes à la guerre	53
Le signal de la Paix	56
L'action des Neutres	57
La ratification des Parlements	58
La tâche de l'Internationale	60
L'attitude de Stockholm	61
Conditions de réunion	62
A. *Conditions de convocation*	62
B. *Conditions de fonctionnement*	63
C. *Conditions d'efficacité*	64

DOCUMENTS ANNEXES

I

LETTRES DU GROUPE SOCIALISTE	69
Avertissement	71
Première lettre à M. Viviani (11 juin 1915)	73
Deuxième lettre à M. Viviani (8 septembre 1915)	79
Troisième lettre à M. Briand (3 décembre 1915)	85
Quatrième lettre à M. Briand (15 novembre 1916)	90
Cinquième lettre à M. Briand (15 novembre 1916)	95
Sixième lettre à M. Ribot (1ᵉʳ juin 1917)	98

II

DOCUMENTS OFFICIELS DU PARTI :	
Les derniers efforts pour la Paix	105
1. *Manifeste de la C. A. P. (28 juillet 1914)*	105
2. *Déclaration du Groupe (28 juillet 1914)*	107
3. *Ordre du jour de la Salle Wagram (2 août 1914)*	108

	Pages
Guesde et Sembat entrent au gouvernement	110
Manifeste du Parti (28 août 1914)	110
Notre position dans la guerre	113
1. *Manifeste des Partis Socialistes Belge et Français (6 septembre 1914)*	113
2. *Déclaration du Groupe et de la C. A. P. (25 décembre 1914)*	116
Le 1ᵉʳ mai 1915	120
Manifeste de la C. A. P. (1ᵉʳ mai 1915)	120
Albert Thomas entre au Gouvernement	122
Manifeste du Groupe et de la C. A. P. (22 mai 1915)	122
Le Parti définit sa politique	123
Résolution du Conseil National (15 juillet 1915)	123
La Conférence de Zimmerwald	128
Déclaration de la C. A. P. (6 novembre 1915)	128
Le premier Congrès du Parti et la Guerre	129
Manifeste du Congrès (29 décembre 1915)	129
Les socialistes alliés et la guerre	135
Conférence de Londres (février 1916)	135
Première résolution	135
Deuxième résolution	136
Contre la propagande réactionnaire	137
Une démarche du Groupe (4 avril 1916)	137
Les relations internationales	139
Résolution du Conseil National (9 avril 1916)	139
Le 1ᵉʳ mai 1916	141
Manifeste de la C. A. P. (2 mai 1916)	141
Sur un vote de crédits	142
Déclaration du Groupe (24 juin 1916)	142
Le Parti et sa politique dans la guerre	146
Résolution du Conseil National (7 août 1916)	146
1. — La Défense Nationale	146
2. — Les thèses de Kienthal	146
3. — Les rapports internationaux	147

	Pages
4. — Les socialistes alliés. — Les buts de guerre	147
5. — La direction de la guerre	148
Sur un vote de crédits	149
Déclaration du Groupe (22 septembre 1916)	149
Les socialistes et la Belgique	150
Lettre de la C. A. P. à Vandervelde (30 novembre 1916)	150
Le Parti et sa politique dans la guerre	152
Résolutions du Congrès (décembre 1916)	152
La politique générale	152
La participation ministérielle	153
Les rapports internationaux	153
Le message de M. Wilson	154
Ordre du jour du Groupe (26 janvier 1917)	154
Le Parti définit à nouveau sa position	155
Résolutions du Conseil National (3 mars 1917)	155
A. Sur la conférence interalliée	155
B. Sur l'action des sections de l'Internationale	157
La Révolution russe	159
Manifeste du Groupe (16 mars 1917)	159
Le message de M. Wilson	161
Résolution de la C. A. P. (5 avril 1917)	161
La Conférence de Stockholm	162
Décision de la C. A. P. (27 avril 1917)	162
Le 1ᵉʳ mai 1917	165
Manifeste de la C. A. P. (1ᵉʳ mai 1917)	165
La Conférence de Stockholm	167
1. *Résolution du Conseil National (29 mai 1917)*	167
A. — Proposition de résolution de la majorité (en note)	167
2. *Décision de la C. A. P. (31 mai 1917)*	169
Sur un vote de crédits	170
Déclaration du Groupe (15 juin 1917)	170

	Pages
La Conférence de Stockholm	174
1. *Lettre du Parti au Soviet (25 juin 1917)*	174
2. *Trois télégrammes du Parti (19 juillet 1917)*	176
A. Aux délégués du Soviet, à Londres	177
B. Au Labour Party	177
C. A Huysmans et Branting	178
La Révolution russe	179
Salut de la C. A. P. (25 juillet 1917)	179
La Conférence de Stockholm	180
Résolutions adoptées par la C. A. P. et les délégués russes et anglais (31 juillet 1917)	180
A. La conférence internationale	180
B. La conférence interalliée	181
La participation ministérielle	182
Résolution du Groupe (3 août 1917)	182
La seconde conférence interalliée	183
Déclaration de la majorité (2 septembre 1917)	183
Les conditions de la participation	187
1. *Résolution du Groupe de la C. A. P. (7 septembre 1917)*	187
2. *Ordre du jour du Groupe et de la C. A. P. (13 septembre 1917)*	188
Le programme d'action du Parti	189
Résolution du Congrès de Bordeaux (9 octobre 1917)	189
Déclarations générale	189
Sur la politique internationale	191
A. Action diplomatique interalliée	191
B. Les termes de la paix	192
C. Action socialiste internationale	192
D. Action socialiste interalliée	193
E. La réponse au Questionnaire, base d'action	193
F. Demande à tous les partis socialistes	193
G. Pas de paix séparée	194
Aux socialistes allemands	194
Sur la politique nationale	195

Lightning Source UK Ltd.
Milton Keynes UK
UKOW02f2225140414

229984UK00011B/817/P